獻給

劍橋紐納姆（Newnham）聖馬可（St Mark's）教堂眾人

信念再思叢書

權力與激情

六個追尋復活的人物

塞繆爾·韋爾斯 著
陳永財 譯

▼

信念再思叢書

權力與激情

六個追尋復活的人物

Power and Passion

Six Characters in Search of Resurrection

作者

塞繆爾．韋爾斯 Samuel Wells

譯者

陳永財

責任編輯

羅慧琪

裝幀設計

奇文雲海．設計顧問

■

出版／發行

基道出版社

香港沙田火炭坳背灣街26號富騰工業中心1011室

LOGOS PUBLISHERS

Unit 1011, Fo Tan Ind. Centre, 26 Au Pui Wan St., Shatin, Hong Kong

電話：(852) 2687-0331　傳真：(852) 2687-0281

網址：http://www.logos.com.hk

承印

陽光印刷製本廠

●

3/2011 初版

Cat. No. LP642

ISBN: 978-962-457-414-2

刷次	10	9	8	7	6	5	4	3	2	1
年份	2020	2019	2018	2017	2016	2015	2014	2013	2012	2011

目錄

序言

若是名副其實的話，基督徒的信仰反省是關乎在不大可能的伙伴之間製造聯繫——正如耶穌自己在天堂和大地、純潔和罪、神性和人性之間製造十分激進的聯繫一樣。韋爾斯在這本認真徹底和直接的書中，要求我們思想受苦／激情和政治（politics）之間的聯繫。我們主要依據個人感受的強烈程度來思想受苦／激情；政治則是關乎管理事物和計算可能性，因此那種個人感受的強烈程度往往需要作出讓步。但如果它們以一種方式彼此相屬，而這方式令受苦／激情不僅僅是徒具姿態的訣竅，政治不僅僅是一輪頗為不講理的討價還價，那又怎樣呢？

韋爾斯提出，如果我們看看福音書中耶穌受苦的故事，這故事怎樣理解權力和衝突，我們便會學懂一些關於聯繫政治和受苦／激情的必要事情。我們學懂認出我們擁有的權力——以及我們多麼頻繁地不願意承認自己擁有的權力，並渴望將自己呈現為環境的受害人。在嘗試識別帶來改變的力量時，我們學到自己可能犯甚麼錯，也學到耶穌怎樣更改改變的定義。我們學懂，完全承認那模塑和推動我們的信仰，將會可能涉及甚麼；我們學懂，那些不歸信我們立即就辨認出的信仰的人，他們那出人意表的角色；我們學懂，基督徒領袖在個人的門徒身分和對他人盡上應盡義務（effective responsibility）之間的張力。最後，我們得到友誼和饒恕的異象，並以此為一套轉化了的政治可能性的中心。

我較早時說，這是一本認真徹底的書，它的確是這樣。它驅使讀者回去問自己一些頗為困難的問題，並在這樣做時，帶領我們以罕有的方式與耶穌面對面。不過，每一章結尾反省的機會，都沒有任何與那些思緒對抗之處。它們經過小心和充滿憐憫的設計，邀請我們在信仰中成長和成熟。

韋爾斯是個出色的思想家和出色的牧師。這本預苦期（Lent；編按：又稱大齋期或四旬期，以聖灰星期三〔Ash Wednesday〕為開始）的書是真智慧以及激情的精華，那激情充滿愛和深思，引向教會和世界的健康。我發覺，閱讀這本書實際上是與被釘十字架和復活的耶穌相遇，我希望所有其他讀者都有同樣的感覺。

羅雲．威廉斯博士（Dr. Rowan Williams）
坎特伯里大主教（Archbishop of Canterbury）

致謝

我十分感謝威廉斯大主教邀請我寫這本書。這實在是我的榮幸和喜悅。威廉斯大主教的智慧、慷慨和仁慈，多年以來都給我啟發。

我想感謝那些參與這個計劃並使之成形的人。我特別想到基斯（John Kiess），他幫助我找出合適的用字；喬．貝利．韋爾斯（Jo Bailey Wells），他幫助我找出寫作的時間；以及我在杜克大學附屬禮拜堂（Duke University Chapel）和杜克神學院（Duke Divinity School）的同事，他們幫助我找出寫作的空間。幾位朋友慷慨相助，花時間閱讀了手稿的全部或部分內容，除去一些粗糙的地方。他們包括：溫納（Lauren Winner）、侯活士（Stanley Hauerwas）、斯科維爾（Janet Scovil）、蓬斯（Ana Ponce）和勞森（Jennifer Lawson）。

我從英國劍橋搬到北卡羅來納州（North Carolina）達勒姆（Durham）不久後寫這本書。那似乎是思想權力的合適時刻。美國南部的教會有英國教會最哀歎自己缺乏的東西：人數、金錢和社會影響力。我沒有留意到有這些特質令基督徒信仰的生命更簡單。但我十分察覺到多給誰，就向誰多要。因此這是一個開步的嘗試，要描述基督徒可以怎樣結合自己的權力，從而開始滿足那些期望的其中一部分。

離開英國，留下紐納姆聖馬可教堂的人，是我一個深深的遺憾。我們不能總是透過地方教會的菱鏡看上帝統治的形象，但有時我們會有愈發澄明的感覺。因此，我懷著複雜的心情，告別那讓我看到很多關於上帝的事情的地方和人羣。我永遠不會忘記的一個經驗，是上演塞耶斯（Dorothy L. Sayers）關於耶穌事奉的連環劇，由十二個劇組成的《生來作王的人》（*The Man Born to Be King*）。對那一百名有時不大可能成為演員的同事，對羅伯茨（Marguerite Roberts）和二千個參與的觀眾中的很多人，以及沃爾福德（Rex Walford）和那些構想及製作那個節目的人，我都欠他們很多——包括這本書第三和第四章的看法。關於令第五章得以出現的看法，我得感謝貝格比（Jeremy Begbie）。

離開聖馬可時，我沒有接受我要接受的一切，也沒有付出我要付出的一切。我希望這本書會成為一個標記，象徵我所接受的東西，並標誌了我希望以不同方式繼續付出的東西。

導論

這本書試圖做甚麼

我相信在耶穌的復活中有著一份力量，是可以轉化我們生命的激情[譯註 1]的。這轉化了的激情給門徒新的力量，描述這種力量的最貼切方法，是稱之為新政見（new politics）；因為，對於我們視為令世界運作而又理所當然的事情，它帶來了很多改變。

我寫這本書有四大目標。

首先是更新讀者的生命，成為謙卑、忠誠、有時需要犧牲，但卻十分喜樂的基督門徒。這本書應該將讀者引向悔改、加力和鼓舞。**悔改**，因為它探討我們的生命，怎樣深刻地由權力觀念——與上帝的權力相反的觀念——所模塑，並怎樣被激情所抓住，令我們從上帝在基督裏提供的轉化激情中退卻。**加力**，因為讀者看到真正的權力在哪裏，以及真正的激情包含甚麼——並因為這本書探討體現在基督裏成為可能的權力和激情的那些實踐和姿態。以及**鼓舞**，因為它明確地指向復活節作為真正權力和真正激情的焦點，顯示上帝怎樣在耶穌基督的復活中，給我們活出激情的生命所需要的恩賜，超越對死亡的恐懼。

悔改、加力和鼓舞是基督教預苦期傳統的核心。特別分出四十天，來預備學道者在復活節守夜（Easter vigil）接受洗禮。在這四十天，新的基督徒會禱告、禁食、閱讀聖經、分享他們的信仰、施捨和檢視自己的心。這些習慣使學道者在悔改中受模塑、加力予他們擔當門徒身分和在信心中鼓舞他們。對那些在今天尋求悔改、加力和鼓舞的基督徒，我希望閱讀這本書能給他們帶來同樣的效果。

這本書的第二個目標，是延續基督徒對上帝在聖經中賜給我們的了不起恩賜的興奮。如今有兩種聖經讀者呼喊得最響亮。一種視聖經為一系列法律指引，由那個似乎在文化上離我們很遠的上帝，以看似隨意的方式傳遞下來。聖經似乎建議我們過頗為拘束、有很多禁忌的生活，但據說這最終是為了我們的好處，並肯定與永恆救恩的考慮有關。這個對聖經頗為局限的觀點，其問題在於，它將上帝理解為神祕的法官，祂的期望深不可測，並且隨時都可能抓出祂的百姓的錯處。第二種吵鬧的聖經讀者，視聖經為一連串高貴的命令，很大程度上是關乎給人自由或肯定他們是誰；在想要歸納上帝對人類的肯定，以及祂對豐盛生命的渴望之下，而遺漏了細節。這樣閱讀聖經，其問題在於會引發出「為甚麼人要閱讀聖經」的質疑；因為這樣閱讀聖經，並不能為我們帶來歷代的詩人、說故事的人和社會的先知所沒有說過的東西。上帝傾向隱藏於公義、和平及愛等抽象目標的雲層背後。

我打算在這本書延續一種意識：聖經給基督徒一些在其他地方找不到的東西，給他們力量在耶穌基督的靈裏與世界交往。我的策略是：留意受難節故事的細節，在人們趕忙去到十字架跟前時，這些細節總是受到忽略。藉著將注意力集中在聖週敘事（Holy Week narrative）裏的六個人物的身上，我提供另外一種與基督的十字架交往的方式。我想讀者看到故事的細節，其內容多麼豐富。這故事不只是達到一個目標的手段，不只是「為甚麼上帝的兒子需要以死來拯救我們」這僵化邏輯的一系列歷史註腳。相反，這故事給我們提供一系列可供選擇的方式，藉以跟從（或不跟從）耶穌，以及與永活上帝（有意識或無意識地）相遇。聖週敘事的人物，他們面對的選擇和經歷的感受，與我們十分相似。因此，我們閱讀這些故事時，應該期望每個細節都對我們跟隨耶穌的腳蹤有著影響。

寫這本書背後的第三個動機，是幫助讀者發揮他們自己的力量。回顧我事奉的年日，我想到這是我講道、輔導和寫作的一個持續主題。我曾試圖幫助一個小鎮的人，他們大部分都是勞動階層，他們在自己身為基督身體的合一中，發現自己的力量；在那個長久以來以重工業為根本但卻已經失去自己身分的社區中，他們成為有盼望的興旺羣體。我嘗試啟發在社會中處於不利位置的住宅區居民，希望他們明白，好像那些收到保羅的信件而正受困擾的教會一樣，他們在基督裏有新生命的精髓，不管大部分鄰居都嘲笑他們、對他們懷有敵意或漠不關心。我努力鼓勵比較富有的市郊居民，希望他們在教會的實踐和操練中，看到自己的真正身分，視生命不是個別計劃，而是聖潔生活的集體方案。如今，我在美國其中一個最有影響力的機構裏講道，會眾人數眾多，但我仍然感到需要從聚集在一起崇拜的人中，驅除那股持續的無力感，幫助他們發現他們的力量——在上帝裏面，以及在聯合一起時在教會裏面。

人們很少承認自己的權力，但卻覺得較容易明確表達自己的激情。我寄望這本書能接觸讀者的激情，但卻是幫助讀者看到，那激情是怎樣由關於權力的假設所模塑。我提出福音書講述基督的死亡和復活正與此有關，我試圖顯示，福音書給我們一種新的激情，這份激情乃建基於一個已轉化的、對權力的理解。我希望看見讀者對自己的權力——由上帝在基督裏所做的事賜給他們——湧現一份堅定的理解，其強度就如他們以前對自己的激情的理解那樣強烈。

我寫這本書的最後一種推動力，是我曾經讀過一本書，它轉化了我對耶穌的生命和我今天怎樣活出我的生命之間的關係的理解。那本書在一九七二年出版，名叫《耶穌的政治學》(*The Politics of Jesus*)，由已故門諾會神學家尤達(John Howard Yoder)所著。我只想給本書的讀者帶來我閱讀尤達的書時產生的經驗。對於傳統上假設耶穌與我們生命中的權力和激情這些實際和深刻的事情毫不相干，尤達檢視了這假設所持的理由，將它們一一拆解。（有人說）耶穌假定祂自己所談及的是一段短的過渡時期，這時期會由世界災難性的末日突然終結。或者，耶穌只是一個鄉村人物，只關心面對面的關係。或者，耶穌沒有任何真正的社會責任，因為祂總是打算成為少數羣體的成員，跟今天的基督徒必須以祂沒有預期的方式應付的權力圈子大相逕庭。或者，耶穌對屬靈事件而不是社會事件感興趣；祂關心的不是政治改變，而是一種新的自我理解。或者，耶穌來只是要為人類的罪獻出自己的生命，在此之前所過的生活，只說明祂是無罪的，卻成為犧牲的受害人。

但尤達問，如果這些對耶穌的觀點，全都是避免一個簡單的假設：耶穌是我們生命中權力和激情的模範，那又會怎樣呢？如果我們蒙召在一個比其他一切都更重要的特別範疇中跟隨耶穌：相對於祂可以選擇的很多政治和社會選擇，祂願意走十字架的路，那又會怎樣呢？這本書試圖繼承尤達的衣缽，以同一個假設開始。它試圖描述耶穌可作出的其他六個政治選擇——廣義來說，也是我們可作的其他選擇——在它們的亮光下，描述耶穌的權力和激情，藉以讓我們清楚看到權力的本質和激情的方向。

這本書假設甚麼

我在這本書作了五個假設。在開始之時為此加以解釋，對讀者可能會有所幫助。

我假設福音書是：供試圖在世界裏以門徒的實際行動

體現對耶穌的信仰的羣體逐個字、逐個行動、逐幕去沉思的。我清楚記得，有一次我參與了集體默想，內容是約翰福音一段經文，採用的是有時稱為靈閱（*lectio divina*）的默想方式。當時大約有二十五個人在場。有人讀出經文，我們安靜地默想重要的詞語或詞組，然後再讀出經文，我們高聲說出對我們說話的詞語或詞組。第三次讀出經文，我們高聲說出自己以前從沒有留意的意義。我突然想到，約翰的福音就是這樣寫成。一個羣體珍惜而高聲地讀出那些由參與耶穌的事奉的人傳遞下來的故事和話語。那個羣體深刻思想這些傳統，嘗試在他們的門徒身分中體現出來。最終這些故事和話語被寫下來，每一個得到珍惜的字都有深層的意義。

正因為這樣，要在福音書裏找出我在這幾章中帶出的那些意義，我相信是相當合理的。這不單是合理——更是要預期，甚至需要的。當我們接受，產生這些文獻的羣體對基督的人性和神性的理解最為可取，而他們為延續和尊崇這些寫下來記念祂的話，擺上想像得到的最大委身時，我們便不會害怕「過度詮釋」經文。這並非表示所有詮釋都同樣帶來幫助，但我們也必須記住，這世上沒有一種本身不是詮釋的「純粹」閱讀。例如：假設福音書是準新聞（quasi-journalistic）記述，只是涉及見證人所留意的廣泛歷史（broad historical）的準確性，或者假設在敬拜羣體中長時間流傳後才出現的、對事件和說話的回響，福音書都並不關心；這樣就是作出重大和未必準確的假定。

每個讀者都必須決定可視為相關的資料有多少，並哪種資料是相關的。例如：對於福音書中相似事件的不同敘述，如耶穌的受膏，每個讀者都得決定他們會嘗試在多大程度上協調這些差異；或決定是否參考那個時期其他文獻中，對證據確鑿如本丟．彼拉多這樣的歷史人物的記載。找出哪種閱讀方法顯出成效的測試，只有隨著時間過去，透過聖靈在教會裏工作的傳統、智慧和恩典才出現。通往單一「正確」閱讀的捷徑並不存在，也沒有一種閱讀方法可以保證，在任何時間、任何文化中找到經文對每一個人所說的一切。上帝繼續藉祂神聖的道賜予恩典。

我的第二個假設是，福音書的某些部分特別重要，即使在經文之中，這些部分因對基督徒重要而顯得獨特。我指的是有關耶穌受苦、死亡和復活的記述。馬可福音有時被稱為一個導論很長的受苦敘事。所有福音書作者都似乎假設，耶穌的死亡和復活是歷史的關鍵，以前真實的事情不能再假設為真實，而以前被視為不可能的事情，往後不一定要假設為不可能。簡單來說，結果還很難說準。預苦期通常始於考慮到要操練身體和進行對慾望的訓練，也往往考慮到基督在曠野受試探。但不用多久，便轉向與耶穌一起走向耶路撒冷，走上十字架的路。在這次查考，我集中在耶路撒冷裏的關鍵時刻的一些細節，就是改變人類命運方向的那幾天。我假設敘事中所提到的每個人物都有存在的原因。即使是本丟．彼拉多的妻子，雖然只在一節經文中出現，也扮演了重要的角色。這些事件的重要性是永遠不會被高估的。沒有細節是無關重要的。耶穌有很多其他選擇；祂選擇十字架的路。對教會和每一個基督徒來說，深刻地默想為甚麼祂作出那個選擇，以及那選擇對我們今天追隨祂有甚麼含意，都是重要的。

第三，我假設基督徒以前和現在都一直參與政治。基督教沒有退到「靈性」的遙遠領域，遠離「世俗」（worldly）政治。政治是每個人日常面對的事情，不是好爭辯和固執己見的人的特別主題，也不是喜歡操控者或不幸的人的不法交易。不恰當地插入一段屬靈的談話，在本來和諧的論述中引入不必要的爭論，這些都不是政治。恰當地尊重不同程度和種類的權力，在激情和利益之間細心地作衡量，這就是政治。換句話說，政治可概括理解為每個互動裏的分寸，由父母鼓勵孩子去分享，到一羣管家要求設最低工資，到超級大國嘗試限制發展中國家擁有更大量的核武器。正如人們常常說，一切都是政治，但政治不是一切。我們一旦承認每個人都有激情，每個人都有某程度的權力，並每個人都會因現況的轉變而有所得也有所失時，我們便接受了政治是生命裏每方面的一部分。

耶穌基督的福音深切關注個人和羣體怎樣運用他們的權力，他們怎樣使他們的激情產生，以及社會將怎樣徹底地改變。那不是關乎參與政治的問題；每個人已經參與其中。所關乎的問題是，在個人的各種政治中變得更明智、更有意識和更忠心。只有那些在社會和經濟上享受安舒狀況，並假設基督教觀點是保障他們已經擁有的特權的基督徒，才會說我們應該令政治與福音分離。

我的第四個假設是，權力不一定是壞東西。基督教靈修學中有一個觀點強調耶穌的謙卑，祂怎樣付上一生與病人和窮人一起，以及祂怎樣被祂那個時代的宗教和政治領袖拒絕，這假設耶穌是會放棄權力的。這種假設錯誤地以為世上只有一種權力。在這本書裏，我的目的是顯示權力有好幾種——在財富、聲望和軍事力量以外，還有性別權力和友誼等其他動力——這一切都不能與上帝的權力相比，那是創造的權力，在最根本上和明確地是復活的權力。建基於財產和對資源控制的權力，假設世界是充滿缺乏(scarcity)的，永遠不會有足夠——食物永遠不足夠，智慧永遠不足夠，時間永遠不足夠，而內心深處，一直都缺乏上帝。建基於復活的權力是一種假設豐富(abundance)的權力——生命充沛，因此有很多時間、恩賜、同伴、啟示、饒恕——以及上帝的豐裕。

基本上，政治的轉化是關乎權力的實在——和對權力的看法——的轉化。在本書首三章，我描述了對復活不予以肯定的政治；這政治是一種缺乏的政治，所關乎的是那大體上是暴力的辯論，論及那必然有限的資源大體上的公平分配。復活的政治在最後兩章出現，是一種豐富的政治，所關乎的是喜樂地商討上帝豐富恩賜的最佳用途。這本書試圖展示耶穌的復活怎樣藉著轉化權力的實在，引入那豐富的政治。

我最後一個假設是，激情/受苦是福音的核心。我故意把玩“passion”那超過一個以上的詞義。在最狹義上，「**受苦**」是傳統用來指耶穌走到十字架自願忍受的苦難。它是突出的藝術作品、影響力巨大的音樂、激動人心的戲劇、隆重的儀式和謙卑的禱告裏，幾乎無限的反思和奉獻的主題。這本書是關於耶穌受苦，從一些次要的角色的角度看，並特別留意他們的權力和事件裏的政治。但更概括的，「激情」是指發自內心、強烈的渴望，一種深刻、有時瘋狂的愛；雖然並非必然，但對象通常是接觸不到的東西或人物。我假設這種事迹是本書的讀者可以明白，實際上經驗過，或者正在經驗的。或許本書讀者需要得到准許指明和探討那激情。這本書請我們認出，激情是政治的核心和信仰的核心。其中隱藏了一個意思：激情總有情色的面向——「**激情**」這個詞令人想起艾蜜莉．勃朗特（Emily Brontë）的小説《咆哮山莊》（*Wuthering Heights*）中的凱瑟琳（Catherine）和希斯克里夫（Heathcliff），類似這樣不顧一切的人物，勇敢面對風暴、荒原和他們可悲的錯誤；或者電影《鐵達尼號》（*Titanic*）中富有的露絲（Rose）和垂死的窮小子傑克（Jack），在那註定遇難要沉沒的郵輪中他們那至死不渝的愛。這本書沒有試圖貶低激情的這一面向，而是試圖顯示，復活的力量怎樣轉化激情那註定如此的特質。

這本書假設所有激情——無論是否自覺的——大體上都是對上帝的激情的恰當形式。而且，對於那真正重要的激情，那種驅使十字架和復活的轉化發生的激情——上帝對我們的激情，所有對上帝的激情在大體上都是恰當的類比。上帝對我們的渴望，帶領祂在基督裏主動承受苦難，藉以表達祂的愛。但那苦難和死亡以激情從未如此的方式轉化。在復活中，激情改變權力的本質，由控制有限的生命到接觸無限的生命。這樣，它將激情的潛力由面對有限的典型無望姿態，轉化成對上帝拯救方法的愉快期望。因為最終，這本書提供的悔改、加力和鼓舞，都歸結為一個問題。我們是上帝投以激情的對象；祂是我們的對象嗎？

怎樣閱讀這本書

我寫這本書的方式，令論證隨著書的發展而增強。但我也嘗試以一個方式安排這本書，以致每章都是可以獨立閱讀的，或許每星期討論一章，甚至如果不可能閱讀整本書的話，可以完全不讀其中一章，也不會接不上論證的思路。對那些喜歡由結尾開始閱讀的人，最後一章的結論提供了整個論證的總結。

以小組形式閱讀這本書，是理想的安排。讀書會興旺，我認為是世俗仿效了家庭小組和小組查經的基督徒團契實踐。信仰的洞見和作門徒的共同呼召的挑戰，令這樣的小組經歷到閱讀裏的親密。正是這種文化，我想像讀者在其中最能夠聆聽和理解這本書。沒有個人性，沒有軼事，沒有憐憫和沒有同時計劃改變，我們不能談激情和政治，而小組最能夠這樣做。

讀者對每章結束的方式可能感到熟悉，也可能感到陌生。我提出了一些「設想」，刺激讀者回應、默想、分享、探討或進一步設想。這些設想不是問題。它們的結尾是句號，而不是問號。要處理它們，我們要放棄找到正確答案的決心，並要向邀請自己進一步參與的回應開放自己。就好像足球比賽和之前的熱身之間的分別。在足球比賽中，目標是入球；在熱身時，球員只是輕輕將球踢給其他人，圍成一圈嘗試令球停留在空中。設想較像足球員的熱身，藉著想出個人的洞見，建立小組。所關乎的，並不是顯示一個人有多聰明，或者他讀了多少註釋書，或者向同伴講述「正確」的詮釋。設想特別包括那些年青人或成就不多的人，以合適地不受限制的方式，他們會發現較容易運用自己的想像力。

這些設想不是每章不可或缺的部分，小組或個人有自由略過這些設想。但我因為多年的經驗而提出這些設想；我發現透過敬虔的戲劇（Godly Play），這種以蒙特梭利（Montessori）[譯註 2]傳統為基礎、探討基督教信仰的方法，我跟成人和小孩一起更深刻地發現上帝的恩賜。透過敬虔的戲劇，並特別透過這活動核心的集體設想，我漸漸珍惜想像力那溫柔的探索，作為一個重要的方式，聆聽上帝透過祂的道要給我們的一切，以及將研經與禱告結合起來。

每章結束都有一個禱告，小組聚會或個人安靜的靈修都可以此作結。我選擇以禱告結束，是有兩個互有關連的原因。第一，當基督徒一起背誦信經，他們是以禱告的形式這樣做，以「我們相信」開始和「阿們」結束。這教導我們，我們擁有的一切知識和理解，基本上都是禱告。因此閱讀這本書的活動是一種禱告形式。第二，我很感激那些於五、六年前說服我的人，他們說服我去相信，上帝呼召我去做的事奉包括寫書。自從那時開始，我便一直寫書，很大程度上是因為我發覺寫作是我最容易禱告的方式。試圖用言語表達真理時，我深入探尋耶穌基督的上帝的心，是其他人在安靜或服事或獨處中才這樣做的。每章包括一個莊重的禱告，是個簡單的方式令人留意到一個事實，就是對我來說，神學探索這整個事業是個禱告。我希望分享我的發現，鼓勵別人找到自己在禱告中的獨特恩賜。

但願這本書成為一個禱告，讓上帝的百姓在由耶穌復活的權力帶來的新政治中，發覺自己的激情得到轉化。

譯註：

1. 英語"passion"這個詞既可以解作激情，又可以解作受苦，特別是耶穌基督的受苦。在翻譯時會根據上下文採用其中一個意思。如果上下文同時指涉兩個意思，則用受苦/激情來表示。
2. Montessori：意大利女教育家、醫師，提出蒙特梭利教育法，強調使兒童的潛能得以自由發揮。

1.

本丟・彼拉多

本丟・彼拉多

人們通常將本丟・彼拉多描述為一個公正的調解者，遭瘋狂的暴躁分子包圍。這個描述並非建基於福音書裏對彼拉多的描述。這個羅馬總督（編按：governor，聖經中譯作巡撫）從對耶穌的審訊結果得到很多既得利益。雖然福音書的作者對彼拉多的性格和利益的描述都有不同，但對於那些迫近耶穌的聯盟，福音書都為我們提供了生動的描繪。

擁有行政權力的人往往喜歡視自己為公正的調解者。但權力是一份恩賜，主要是用來給予人們自由。我們大部分人擁有的權力，比我們想像的更多。我們也可以嘗試躲藏在公共責任的含混性（ambiguities）裏，或者躲藏於我們沒有既得利益的偽裝之下。這章會思想到政治權力的本質，以及我們每人都可能擁有的權力。

羅馬和操縱權力

羅馬主宰地中海世界和其他很多地方。財富的主要來源是土地，羅馬貴族大部分都是大地主。這些地主透過軍事力量、徵稅和收取賄款的贊助網絡，控制帝國裏的其餘人口。猶太裏並沒有不同。要明白四福音的論述裏的政治動力，我們需要將故事的事件置於這些控制力量之間：軍人、收稅人和賣國賊（在總督「口袋」裏的人；編按：意指受總督控制的人）。第一類人包括那個僕人被耶穌醫好的百夫長；第二類人包括門徒馬太，以及撒該；第三類人包括希律・安提帕、該亞法和尼哥德慕。

對耶穌的出生和死亡，福音書的記述可能令人有點混亂，因為似乎有好些人都在掌權。例如：當彼拉多發現耶穌來自加利利——一個並非直接由羅馬統治的地區，便將耶穌送到希律・安提帕那裏；希律・安提帕是那個地區受封的統治者（路二十三 5～12）。後來耶路撒冷當局（約翰福音稱之為「猶太人」，令人混淆和困擾）定耶穌為有罪，需要羅馬總督的權力來判處祂死刑。彼拉多對這些所謂的領袖說：「看哪，這是你們的王」——他們便回應說：「除了凱撒，我們沒有王。」（約十九 14～15）

發生這種貶損人的狀況，歸因於羅馬皇帝管理帝國的方式。羅馬皇帝沒有支配和侵擾他的臣民，而是選出人口裏大概百分之五的人作為家臣。這些人在三個重要方面得到很大利益，包括：財富、聲望和權力。得到這一切，他們需要忠於羅馬。因此在耶穌出生時，羅馬不用直接統治猶太。它反而只是透過分封王大希律控制百姓和收稅。但在耶穌出生後不久，希律便去世，而他的兒子沒有他的權威和技巧。因此在希律死後，羅馬設立總督，直接管理這個省份。

不過，他們仍然維持家臣的階級，讓這些人作他們和主要是猶太人的居民的中間人。身為習慣管理的人，他們可能喜歡說：「既然養了狗，為甚麼要自己吠？」彼拉多和在他之前的總督找到了一條公式，既可以控制這個省份，同時又為自己取得相當的財富，並不是藉軍事力量去鎮壓人民，而是藉著操縱人民中那些追求財富、聲望和權力——羅馬帝國中真正重要的三件事——的人。正因為這樣，福音書裏只偶然記載與羅馬當局和士兵的相遇和衝突。大部分爭論都是與羅馬人的傀儡發生，就是那些服從羅馬政權的人，他們的所行表明他們已經完全忘記自己身為上帝聖潔百姓的身分。

社會中最有趣的方面，就是那些每個人都視為理所當然的事情。本丢．彼拉多是個重要的人物，即使在人們思考他與耶穌的死的關係之前已經是這樣，因為他身處的文化中被視為最珍貴的一切，他都已擁有。本丢．彼拉多的父母會是羅馬騎士階層的貴族——換句話説，富有並且有影響力，但不是元老院的人。我們可以稱他們為騎士，而不是領主。這些騎士利用他們的階級優勢，取得財富、聲望和權力。騎士階層一般於帝國裏身居軍事要職；如果他們成功，最終可能會成為其中一個較麻煩的省份的省長。猶太正是一個這樣的省份。在公元二十六年，彼拉多成為猶太第五任省長或總督。他的父母一定感到很自豪了。

因此，舞台設在耶路撒冷：一方是耶路撒冷當局，表面上是操縱權力的機構，但實際上則由總督管理；另一方是本丟·彼拉多，維持現狀令他獲利，他也樂意讓耶路撒冷當局在這場表演中扮演一個可見的角色。拿撒勒的耶穌在逾越節進場。祂的存在，是耶路撒冷當局不能自行處理的問題。祂不單威脅那互惠互利的系統和對精英的操縱；祂也威脅到羅馬總督本身。耶穌的出現，不單作為一個可能成為君王的人，祂也削弱對於財富、聲望和權力的主導觀念，減低這些觀念對公眾想像力的操控。正因為這樣，耶穌和彼拉多面對面相遇是無可避免的。

耶穌遇見彼拉多

對於耶穌和彼拉多的會面，每卷福音書的記載都有不同的著重點，而重要的是，留意每個敘述裏的特點（我不會明確地顧及到馬可福音的記述，因為馬可的記述幾乎完全包含在馬太福音的記述中）。

馬太福音

整體上，馬太的福音提供一個進深的研究，關乎耶穌的教導和事奉怎樣威脅耶路撒冷精英的控制權。希律決定殺盡伯利恆的嬰孩時（二 3～18），耶路撒冷當局站在他那邊；對於一個新的王誕生，他們的損失似乎和希律一樣大。後來，耶穌看到羣眾沒有合適的領袖後（九 36），他們決定殺死耶穌（十二 14）。不單那當局懷著敵意。耶穌給他們充足理由去憎恨祂。耶穌攻擊他們的權力核心以先，毫不含糊地否定他們代表上帝，稱他們為「瞎眼領路的」(十五 14)。祂聲稱他們將敬拜變為牟利的事情，藉著操控聖殿稅一直控制百姓(二十一 12～13)。祂將他們比作出賣主人的園戶(二十一 33～46)，批評他們是偽君子、欺壓百姓者，並且在最終宣告他們的權力中心——聖殿——會被毀(二十四 2)。隨著這些話給傳開，耶路撒冷當局和耶穌愈來愈有可能發生衝突。

因此，耶路撒冷當局拘捕耶穌，很快定祂的罪(二十六 57～68，二十七 1～2)，也就毫不奇怪。馬太記錄，在耶穌未見到彼拉多前，猶大自殺，這是很有力的。這表示猶大明白耶路撒冷的精英和彼拉多互相勾結：此刻，耶穌的死已是無可避免的。這是個令人清醒的引言，帶出彼拉多和耶穌之間的談話。結果不是懸而未決；而是已經確定了。將耶穌描述為善良，將當局描述為邪惡，將彼拉多描述為躊躇的中間人，這並不可能。視彼拉多為一個理性的人，被一羣狂熱信徒所操縱的這個流行觀念，並不是馬太的觀點。彼拉多會盡一切努力維持自己對猶太的壓制，他沒有理由疏遠他主要的盟友。猶大明白耶穌已經註定要死，他是對的。

彼拉多與耶穌的互動出現在重疊的三幕情境裏。

1. 彼拉多向耶穌提問

耶穌站在巡撫面前；巡撫問他說：「你是猶太人

> 的王嗎？」耶穌說：「你說的是。」他被祭司長和長老控告的時候，甚麼都不回答。彼拉多就對他說：「他們作見證告你這麼多的事，你沒有聽見嗎？」耶穌仍不回答，連一句話也不說，以致巡撫甚覺希奇。（二十七 11～14）

這裏是兩個統治者的正面交鋒。在這裏，馬太稱彼拉多為「巡撫」，強調那個對比。那簡單的問題是：「你是猶太人的王嗎？」問題的意思是：「你自認為這些百姓的領袖，對抗羅馬皇帝，對抗我，對抗耶路撒冷當局嗎？」第一世紀裏的一連串人物——西門（Simon）、亞瑟羅吉斯（Athronges）、梅納凱姆（Menachem）和另一個西門——正是這樣做，每個人都被皇帝、總督或本地精英消滅。

耶穌不是個依循傳統的君王。祂顛覆羅馬人的假設——他們認為財富、地位和權力是重要的。祂不需要財富。祂說：「一個人不能事奉兩個主。」（六 24）相反，祂指出如果一個人信任上帝，他會多麼富有；祂指出即使所羅門那麼富有，他所穿戴的也不如野地的百合花——但較之於野地的草，上帝會對祂的百姓更慷慨，為他們提供衣服。因此祂說：「你們要先求他的國和他的義，這些東西都要加給你們了。」（六 33）祂顛覆對地位的傳統觀念。祂說：「你們知道外邦人有君王為主治理他們……只是在你們中間，不可這樣；你們中間誰願為大，就必作你們的用人⋯⋯正如人子來，不是要受人的服事，乃是要服事人⋯⋯」(二十 25～28) 祂也不需要權力，至少是羅馬人所理解那種得軍事力量支持的權力。祂騎驢，在鋪著棕樹枝的路上進入耶路撒冷，而不是騎馬，帶著武器和戰利品進入 (二十一 1～11)。祂說：「不要與惡人作對。」(五 39) 甚至在被捕的一刻，祂也警告說：「凡動刀的，必死在刀下。」(二十六 52)

但耶穌仍然是君王。祂在彼拉多面前保持沉默，或許正呼應以賽亞書五十三章 7 節的話：「他被欺壓，在受苦的時候卻不開口。」但彼拉多實在沒有理由懷疑耶穌是一位君王，把祂視為對羅馬政府的威脅。

2. 彼拉多諮詢羣眾

巡撫有一個常例，每逢這節期，隨眾人所要的釋放一個囚犯給他們。當時有一個出名的囚犯叫巴拉巴。眾人聚集的時候，彼拉多就對他們說：「你們要我釋放哪一個給你們？是巴拉巴呢？是稱為基督的耶穌呢？」巡撫原知道他們是因為嫉妒才把他解了來。正坐堂的時候，他的夫人打發人來說：「這義人的事，你一點不可管，因為我今天在夢中為他受了許多的苦。」祭司長和長老挑唆眾人，求釋放巴拉巴，除滅耶穌。巡撫對眾人說：「這兩個人，你們要我釋放哪一個給你們呢？」他們說：「巴拉巴。」彼拉多說：「這樣，

> 那稱為基督的耶穌我怎麼辦他呢？」他們都說：「把他釘十字架！」巡撫說：「為甚麼呢？他做了甚麼惡事呢？」他們便極力地喊著說：「把他釘十字架！」（二十七 15～23）

這是要在兩個囚犯中作選擇——耶穌．巴拉巴（Jesus Barabbas）和稱為彌賽亞的耶穌。任何以為故事將彼拉多描述為一個公義的公平代理人的理解，這一幕都予以否定了。因為在大眾意見的奇想下，「公義」很早就成為受害者。

那選擇，以及那個事實：兩個囚犯都有同一個名字——耶穌（「救主」），令「彌賽亞」這稱號的意思突顯出來。「彌賽亞」的意思是「猶太人的王」——而「猶太人的王」意味著一個對耶路撒冷和羅馬的挑戰。今天，人們經常視政治和宗教為兩個領域，在影響力以及肯定在權威上大大有別。但這種區分對該亞法完全沒有意義，他擔任大祭司，視自己為百姓的領袖。這種區分對耶穌也不見得有重要的意義。當耶穌對該亞法說「後來你們要看見人子坐在那權能者的右邊，駕著天上的雲降臨」（二十六 64），顯而易見，該亞法和彼拉多密切共謀的日子已經無多。

彼拉多認為耶路撒冷當局妒忌耶穌，但他從耶路撒冷當局那邊得到利益，他亦熟練地操縱羣眾，確保羅馬繼續以恩人的姿態出現，永遠不會被揭露是壓迫者。

3. 彼拉多洗手

> 彼拉多見說也無濟於事，反要生亂，就拿水在眾人面前洗手，說：「流這義人的血，罪不在我，你們承當吧。」眾人都回答說：「他的血歸到我們和我們的子孫身上。」於是彼拉多釋放巴拉巴給他們，把耶穌鞭打了，交給人釘十字架。（二十七 24～26）

彼拉多的政治活動的精彩段落，以此作結。他不單解決了對他的權力系統的威脅，也令那些遭這系統壓迫得最多的人（「眾人」）宣告，處決耶穌是他們的責任。將耶穌交給人釘十字架前，他把耶穌鞭打了，這顯示他真正的動機——這絕對不是不願這樣做的公平處事者的行徑。

第一幕令總督彼拉多和君王耶穌走在一起。第二幕的對比是救主巴拉巴和救主耶穌。在第三幕，這裏有最反諷的對比：彼拉多向眾人表示，他的行動是「與他無關」和「為你們的」；而耶穌的死則指出彼拉多的罪，以及耶穌在最後晚餐已經說過，祂的生命是「為多人流出來」（二十六 28）的。

馬太福音所呈現的彼拉多，是彌賽亞的一個討厭的拙劣模仿者。彌賽亞來釋放人，使人得自由，但在這裏，彼拉多卻提出釋放其中一個囚犯以戲弄羣眾。彌賽亞雖然在政治上被判有罪，但從沒有做任何壞事；不過在這裏，洗手的彼拉多卻假裝無辜。彌賽亞應該吸引著耶路撒冷當局投以毫不動搖的忠誠，但在這裏，彼拉多有祭司長和文士聽命於他。本丟．彼拉多不是個公正的調解者，卻是個遜色地模仿耶穌的人。

路加福音

在受苦敍事前，路加提到本丟．彼拉多三次，每次都對他在故事中的角色提供有用的介紹。首先，彼拉多的名字出現在一張控制該地區的名單中，置於提庇留皇帝和本地統治者希律．安提帕之間（他們的權威受到施洗約翰暗暗質疑，這張清單引介出施洗約翰的事奉；三 1）。後來，他以總督的形象出現，處決了一些加利利人，將他們的血攙雜在他們的祭物中（十三 1）。這將他描述為一個殘忍的人，毫不猶疑地打破禁忌去懲罰人，並且明顯不害怕遭報復。最後，他在關於納税給凱撒的問題的引子出現。文士和祭司長計劃陷害耶穌，將祂交給總督（二十二 2）。似乎沒有疑問的是，將耶穌交給總督表示耶穌的命運是可以確定的。

耶穌怎樣挑戰羅馬，在路加福音裏從一開始便十分明顯。加百列告訴馬利亞，她的兒子會「為大，稱為至高者的兒子；主上帝要把他祖大衛的位給他。他要作雅各家的王，直到永遠；他的國也沒有窮盡」（一 32～33）。馬利亞宣告説，透過她的兒子，主上帝「用膀臂施展大能；那狂傲的人正心裏妄想就被他趕散了。他叫有權柄的失位，叫卑賤的升高」（一 51～52）。對羅馬和它的盟友來説，這絕對不是令人鼓舞的話。與此同時，撒迦利亞也明白到，對於以色列，上帝「拯救我們脫離仇敵和一切恨我們之人的手」(一 71)。天使告訴牧羊人，那嬰孩是救主和主——兩個稱號緊密連繫到羅馬皇帝(二 11)。而耶穌的統治是和平的——正是「羅馬的和平」(Pax Romana)宣稱帶給所有被羅馬征服的人民的狀況。耶穌的和平不單指沒有衝突；那是所有創造因為正確敬拜上帝而有的繁榮。那是羅馬不能理解的和平。

因此，兩個世界的權威之間的最後決戰是無可避免的。路加的記述有四幕。

1. 煽動者和不受煽動的人

> 眾人都起來，把耶穌解到彼拉多面前，就告他說：「我們見這人誘惑國民，禁止納稅給凱撒，並說自己是基督，是王。」彼拉多問耶穌說：「你是猶太人的王嗎？」耶穌回答說：「你說的是。」彼拉多對祭司長和眾人說：「我查不出這人有甚麼罪來。」但他們越發極力地說：「他煽惑百姓，在猶太遍地傳道，從加利利起，直到這裏了。」(二十三 1～5)

路加的記述裏的對比，是耶路撒冷當局和彼拉多。前者一再投訴說耶穌在彼拉多的領土上製造麻煩，引導普通百姓走偏了。後者看來一貫地低估耶穌。

從耶路撒冷當局表達耶穌就他們的問題所給予的答案，顯示出他們想像力有限(或者他們傾向虛構)。關於稅收，耶穌將忠於羅馬的整個實踐置於忠於上帝這更大的問題中(二十25)。同樣，關於君王的身分，祂將現時的統治置於人子將要來這更大的視角和時標內(二十二69)。如果耶路撒冷當局將這種話理解為對權力的冒犯言論，彼拉多同樣將它們錯誤詮釋為無害的哲理。耶穌完全沒有威嚴的裝飾——帶武器的追隨者、城堡、財富、王室隨員——祂怎會是嚴重的威脅？彼拉多沒有受到煽動，不作認真的思考便對他主要盟友的關注置之不理。

2. 君王和祂的拙劣模仿者

> 彼拉多一聽見，就問：「這人是加利利人嗎？」既曉得耶穌屬希律所管，就把他送到希律那裏去。那時希律正在耶路撒冷。希律看見耶穌，就很歡喜，因為聽見過他的事，久已想要見他，並且指望看他行一件神蹟，於是問他許多的話，耶穌卻一言不答。祭司長和文士都站著，極力地告他。希律和他的兵丁就藐視耶穌，戲弄他，給他穿上華麗衣服，把他送回彼拉多那裏去。從前希律和彼拉多彼此有仇，在那一天就成了朋友。(二十三6～12)

希律是拙劣地模仿耶穌的人。他認為自己是君王，有君王的所有裝飾，就是耶穌所沒有的。在非常反諷的一刻，希律將耶穌打扮成君王一般。耶穌或許因為希律大體上那麼嚴重地輕看君王身分、聖潔生活的觀念以及猶太人，甚至不與希律說話。沒有任何迹象顯示，耶穌擅長希律認為祂可能擅長的事情。

希律也是拙劣地模仿彼拉多的人。彼拉多確實有權力——或君王身分，或至少有軍隊。他似乎沒有因為處置了加利利人而感到困擾（希律則為處決了施洗約翰而感到焦慮〔九7～9〕）。但希律似乎視耶穌為不值得自己關注的，給彼拉多深刻的印象。希律因而顯示他不受耶路撒冷當局的抗議所影響。彼拉多初次認真看待希律；視耶穌為無關重要的人，這個人明顯知道真正的權力在哪裏。

3. 耶穌因被視為無關重要而獲釋

> 彼拉多傳齊了祭司長和官府並百姓，就對他們說：「你們解這人到我這裏，說他是誘惑百姓的。看哪，我也曾將你們告他的事，在你們面前審問他，並沒有查出他甚麼罪來；就是希律也是如此，所以把他送回來。可見他沒有做甚麼該死的事。故此，我要責打他，把他釋放了。」（二十三13～16）

彼拉多執行判決。他和希律都沒有真正審問過耶穌，但他認為耶穌不值得他留意，顯示出他的優越。為了強調耶穌地位低微，彼拉多決定將祂輕輕鞭打（鞭打有三種程度，這種沒有其他兩種那樣叫人吃不消）。鞭打不是刑罰，而是要提醒窮人，他們是沒有權力的。在現今世代，酷刑也有類似的用途，不是要套取資料，而是要侮辱犯人，提醒每一個人，誰有絕對的控制權。

4. 彼拉多的政治勝過他的自負

> 眾人卻一齊喊著說：「除掉這個人！釋放巴拉巴給我們！」這巴拉巴是因在城裏作亂殺人，下在監裏的。彼拉多願意釋放耶穌，就又勸解他們。無奈他們喊著說：「釘他十字架！釘他十字架！」彼拉多第三次對他們說：「為甚麼呢？這人做了甚麼惡事呢？我並沒有查出他甚麼該死的罪來。所以，我要責打他，把他釋放了。」他們大聲催逼彼拉多，求他把耶穌釘在十字架上。他們的聲音就得了勝。彼拉多這才照他們所求的定案，把他們所求的那作亂殺人、下在監裏的釋放了，把耶穌交給他們，任憑他們的意思行。（二十三18～25）

到目前為止，以這故事來說，羣眾的要求是完全不合理的。他們要求彼拉多將一個無辜、沒有地位的人釘上十字架，也要求他釋放一個知名的革命分子。彼拉多被迫面對他的基本政治承諾。他不聽從他主要的盟友——耶路撒冷當局，令他們提出瘋狂的要求。他的自負為自己帶來麻煩。最好是記住那些使猶太保持在他和羅馬的管治之下的同盟，滿足耶路撒冷的精英那古怪的要求，以及避免危害那密切的聯盟。

相比起馬太福音裏的彼拉多，路加福音裏的彼拉多不是個更公正的調解者。兩個描述的分別在於：在馬太的版本，彼拉多知道耶穌是危險的，但他著眼於將處死耶穌的責任推在別人身上；在路加的版本，彼拉多從不相信耶穌對任何重要的事情構成危險——有危險的是，彼拉多與那些代表他控制平民百姓的人的關係。彼拉多看到自己需要穩住這重要關係，令他改變主意，造成耶穌的死。

約翰福音

約翰福音敍述了耶穌和被約翰稱為「猶太人」的那些人之間不斷敵對的情緒。所謂「猶太人」，約翰不是指一般的以色列人（在基督徒迫害猶太人的多個世紀裏，這事實都被忘卻），而是指圍繞大祭司和他的隨從的精英團體。耶穌稱自己為「好牧人」，視耶路撒冷當局為「雇工」或「強盜」（十1、8、11～12）。祂批評他們管理聖殿來圖利（二13～22），暗示他們無視上帝的工作（九39～41）。

與猶太人的衝突，只是耶穌與「世界」那更深的衝突的一部分。這是另一個專有名詞，不是指上帝所創造的一切，而是指拒絕上帝的恩典的一切。耶穌知道世界「恨」祂（七7）。在世界的背後是魔鬼，「這個世界的王」（十二

31）。每當約翰使用「王」這個字，他是將「這個世界的王」的所有代理集合在一起；這包括耶路撒冷當局（七26、48）和彼拉多本人。

約翰將耶穌與彼拉多的會面有技巧地編成七幕記述，交替地在裏面和外面發生。地點的重要性不單點明環境，正如我們將會看到的。

1. 外面：耶穌被交出來

> 眾人將耶穌從該亞法那裏往衙門內解去，那時天還早。他們自己卻不進衙門，恐怕染了污穢，不能吃逾越節的筵席。彼拉多就出來，到他們那裏，說：「你們告這人是為甚麼事呢？」他們回答說：「這人若不是作惡的，我們就不把他交給你。」彼拉多說：「你們自己帶他去，按著你們的律法審問他吧！」猶太人說：「我們沒有殺人的權柄。」這要應驗耶穌所說自己將要怎樣死的話了。（十八28～32）

整個敘事的對比是在外面和在裏面發生的事情。在外面，彼拉多做他需要做的事情，藉以維持他與耶路撒冷當局那功能性但令他不自在的關係。敘事的批評對象是耶路撒冷當局。在裏面，彼拉多統治的核心漸漸顯明，那實際上是羅馬帝國的核心，就是支持它所有口是心非和以溫柔包裝的暴力的理據。而那核心是空的。在約翰的福音書裏，耶穌的死發生在預備逾越節的日子，這事實強調耶穌是上帝的羔羊。這樣的描述以彼拉多為法老，羅馬為埃及，並進一步譴責耶路撒冷當局是一個失敗版本的摩西。在約翰福音的審判場面裏，彼拉多的士兵聯同聖殿的警衛一起拘捕耶穌的這個事實（十八3）是另一特點，因此耶路撒冷當局疑惑彼拉多現正拖延處決耶穌。

2. 裏面：上帝的君王和世界的君王

> 彼拉多又進了衙門，叫耶穌來，對他說：「你是猶太人的王嗎？」耶穌回答說：「這話是你自己說的，還是別人論我對你說的呢？」彼拉多說：「我豈是猶太人呢？你本國的人和祭司長把你交給我，你做了甚麼事呢？」耶穌回答說：「我的國不屬這世界；我的國若屬這世界，我的臣僕必要爭戰，使我不至於被交給猶太人；只是我的國不屬這世界。」彼拉多就對他說：「這樣，你是王嗎？」耶穌回答說：「你說我是王，我為此而生，也為此來到世間，特為給真理作見證。凡屬真理的人就聽我的話。」彼拉多說：「真理是甚麼呢？」（十八33～38上）

這對話的第一部分圍繞著約翰含糊地使用「猶太人」這個詞。最初閱讀時，似乎是耶穌而不是彼拉多，才明顯是猶太人。但在約翰的福音書中，猶太人所指的是「耶路撒冷的領袖，成了為羅馬當局效命的賣國賊」。因此，在這個意義來說，彼拉多比耶穌更是猶太人。「你本國的人」變成一句非常反諷的話，因為彼拉多控制著耶路撒冷當局。

「真理」就是上帝在耶穌裏行動，去釋放祂的百姓。因此，以討論其他福音書的記述時的那種意義——解放者——去談耶穌是君王，是有意義的。彼拉多看不見這點。他甚至不能想像。因此他問：「真理是甚麼？」內裏是空洞的。

當耶穌說：「我的國不屬這世界」，他不是說「我是屬靈的，對政治沒有興趣」，而是說：「我的國，是你的想像力——建基於『世界』、魔鬼的政治的——不能明白的。」

3. 外面：耶穌或巴拉巴

> 說了這話，又出來到猶太人那裏，對他們說：「我查不出他有甚麼罪來。但你們有個規矩，在逾越節要我給你們釋放一個人，你們要我給你們釋放猶太人的王嗎？」他們又喊著說：「不要這人，要巴拉巴！」這巴拉巴是個強盜。（十八38下～40）

彼拉多與耶路撒冷當局結盟的真實本質，在這一場揭露。彼拉多視耶穌談及國度的說話為無關重要的，因為耶穌說祂不會爭戰(十八 36)。同時，耶路撒冷的領袖要求釋放巴拉巴——一個以好勇鬥狠聞名的人。換句話說，彼拉多和耶路撒冷當局都明白，最終，暴力和軍事力量是重要的。巴拉巴是安全的，因為他接受戰爭的條件——所有人都知道彼拉多會在這場戰爭得勝。接著是帝國的暴力的殘酷展示。

4. 裏面：羅馬人鞭撻猶太人的矯飾

> 當下彼拉多將耶穌鞭打了。兵丁用荊棘編作冠冕戴在他頭上，給他穿上紫袍，又挨近他，說：「恭喜，猶太人的王啊！」他們就用手掌打他。(十九 1～3)

我們回到裏面，再沒有客套的偽裝了。在裏面的，上一場顯示了羅馬統治的空洞。這一場，顯示它的殘暴。彼拉多展示了羅馬人會怎樣對待任何宣稱是君王的人。但這一幕有很多諷刺之處。彼拉多答應耶穌自己的人民的願望，他們比彼拉多更保護羅馬，這是令人可怕的。耶穌穿著得好像凱撒一般——有王的紫色袍和荊棘造的王冠(拙劣地模仿皇帝的桂冠)。

5. 外面：彼拉多將囚犯示眾

> 彼拉多又出來對眾人說：「我帶他出來見你們，叫你們知道我查不出他有甚麼罪來。」耶穌出

來，戴著荊棘冠冕，穿著紫袍。彼拉多對他們說：「你們看這個人！」祭司長和差役看見他，就喊著說：「釘他十字架！釘他十字架！」彼拉多說：「你們自己把他釘十字架吧！我查不出他有甚麼罪來。」猶太人回答說：「我們有律法，按那律法，他是該死的，因他以自己為上帝的兒子。」（十九 4～7）

彼拉多藉著將耶穌帶出來到耶路撒冷當局面前，而取笑他們。我們看到彼拉多藉著似乎將耶穌拋給他們然後又將祂拉走，從而折磨他們時，這一幕開始顯得有意義。提議他們將耶穌釘十字架，是一種羞辱的方式——他們沒有權力這樣做。整個場面肯定了在耶路撒冷裏權力真正落在哪裏。

6. 裏面：世界的權力和上帝的目的

彼拉多聽見這話，越發害怕。又進衙門，對耶穌說：「你是哪裏來的？」耶穌卻不回答。彼拉多說：「你不對我說話嗎？你豈不知我有權柄釋放你，也有權柄把你釘十字架嗎？」耶穌回答說：「若不是從上頭賜給你的，你就毫無權柄辦我。所以，把我交給你的那人罪更重了。」從此，彼拉多想要釋放耶穌，無奈猶太人喊著說：「你若釋放這個人，就不是凱撒的忠臣。凡以自己為王

的，就是背叛凱撒了。」（十九 8～12）

突然間，場景的氣氛改變了。彼拉多變得害怕（十九章 8 節，我會譯為「非常」而不是「越發」）。這個人宣稱是上帝的兒子。這不單是個君王——威脅彼拉多自己的權力，雖然是荒謬的，因為沒有暴力。這是一個神——**那**上帝——因而是對凱撒自己的威脅，而且不單是對凱撒的威脅，也是對整個羅馬對「至高無上」的意識的威脅。暴力不再是個問題。這表示彼拉多第一次變得無力。他趕進去問一個基本的問題：「你是哪裏來的？」

這是基本的問題，因為它是開始約翰福音的問題。約翰在開始時描述了耶穌從哪裏來（一 1～18）。一整羣人物都朝向同一個發現摸索前行，包括尼哥德慕（三 13）、撒馬利亞婦人（四 25～26）、門徒（六 33）和耶路撒冷的人（七 29）。耶穌的回應為這個問題帶來轉折，將它轉向彼拉多；祂說彼拉多的權威「來自上頭」——與耶穌的權威有同一個來源。在這些狀況下，耶路撒冷當局在背後的呼喊顯得荒謬——十分荒謬。耶路撒冷當局——他們應該認識上帝——求告凱撒，而彼拉多剛剛發現，凱撒只是在上帝仍未失去耐性時才有權力。耶路撒冷當局應該明白這點，所以他們的罪更大。耶穌的死不會是耶路撒冷當局或羅馬統治的勝利，而是上帝的勝利。我們可以明白彼拉多的害怕。

7. 外面：背叛上帝和將耶穌交出來

> 彼拉多聽見這話，就帶耶穌出來，到了一個地方，名叫鋪華石處，希伯來話叫厄巴大，就在那裏坐堂。那日是預備逾越節的日子。約有午正。彼拉多對猶太人說：「看哪，這是你們的王！」他們喊著說：「除掉他！除掉他！釘他在十字架上！」彼拉多說：「我可以把你們的王釘十字架嗎？」祭司長回答說：「除了凱撒，我們沒有王。」於是彼拉多將耶穌交給他們去釘十字架。（十九13～16）

在裏面，彼拉多被揭露為空洞、無權和充滿恐懼的人。因此他在關鍵時刻，直接走到外面，顯示他比任何人之前想到的更倚靠耶路撒冷當局——他倚靠他們為他的權威帶來意義。他剩下的只有他們的順從。他再次與他們玩他的遊戲——他最擅長的遊戲，將耶穌展示在他們面前。最後，他引出那最終的逆轉，祭司長說：「除了凱撒，我們沒有王。」他們身為上帝百姓的領袖，這很好地總結了他們的背叛。彼拉多因為耶穌而入迷；祭司長因為凱撒而入迷。彼拉多揭露了祭司長的權威的空洞，耶穌則揭露了彼拉多的權威的空洞。

我們洗手

我們看見馬太（好像馬可一樣）將彼拉多描述為一個

擅長在政治上操縱別人的人，他成功地解決對他權威的表面威脅，同時又顯得不需要為此受到任何責難。路加的記述顯示彼拉多低估了耶穌，但也處置了耶穌，藉以維持與耶路撒冷當局的結盟。約翰的記述是最鮮明的敘事，在其中耶穌是真理的光，揭露彼拉多的空洞，以及聖殿的領導層的深刻背叛。

我詳細理解每段記述，因為我相信這些閱讀會一起轉化我們對耶穌的死亡和祂死的原因的理解。耶穌所代表的政治選擇不是遙遠或抽象的理想；它是今天一個活生生的選擇。它的整個面向會在這本書中逐漸浮現，但現在我只會特別提出耶穌和彼拉多的故事裏的兩個時刻，它們形成往後內容的背景。

第一個時刻，是彼拉多洗手時（太二十七 24）。這一刻已成了習語和陳詞濫調，成了關於為自己辯白的辭彙的一部分。但我們必定不能忘記，它是一場戲。彼拉多**想**人羣相信，耶穌的死與他無干（他成功說服福音書的無數基督徒讀者，相信他對耶穌的處決的「修編」）。但他是總督。他有絕對的權力。耶穌來到他面前，他處置了耶穌。

因此，關於政治，受苦敘事所教導的第一件事，是要十分懷疑任何想歎息地說「真的，我完全無能為力」的人。彼拉多可以做到的有很多——但他從一開始便確定耶穌是個威脅，因此他從那時所做的一切，都是指向消滅耶穌。他洗手只是個諷刺的煙幕。

但更寬容的讀法又怎樣呢？在更寬容的讀法裏，彼拉多被羣眾的狂熱所迫。在這個情況下，錯的仍然是彼拉多。彼拉多沒有理由讓羣眾迫使他出手。這不是民主（雖然在場的羣眾會令人錯誤以為那是民主）；他是總督，猶太裏沒有人可以罷免他。這個敍事的第二個教訓，是那些有權力的人不行使他們擁有的權力，並不帶來好處。權力不是錯事或壞事，本身也不是腐敗的；權力的賦予是帶有目的的——反映真理，使人得釋放——不按賦予權力所帶有的目的去運用權力時，它才會變得邪惡。

今天，很少人好像彼拉多那樣，壟斷政治權力。但很多人在較小的領域裏有非常大的權力，例如在家庭、教會、志願組織、社區、商業、醫院病房、課室、建築地盤、足球看台。這些人需要從福音書對本丟 · 彼拉多的記述中學習。要某人被釘十字架，並在安排這事情的最後一刻讓自己可以否認所有責任，這是一種高度的操控。若你的地位令你成為惟一有權公平行事的人，容讓別人透過堅持、激情或激動的脅迫說服你，這是沒有意義的。

誰有這種權力？例如：投資者有權重新分配基金予有社會紅利（social dividend）的機構，如那些借錢給一般幾乎沒可能獲得貸款的貧困人的機構，或者那些提供資助，讓艱辛地置業的人以廉價買房子的機構。那些不會以公平和保持生態平衡的方式領導公司的董事，股東有權罷免他們。投票人有權令誤用權力的政府或地方當局下台。受託人有權介入變得只依從行政總裁的意思而行的志願團體。工會會員有權提出要阻止工作場所裏的壓迫性做法或騷擾。顧客有權購買公平貿易的產品，拒絕不善待職員或環境的集團的產品。球迷有權向警方報告看台上的種族主義者重複呼喊的說話。

在一個住宅區裏，有一大片空地，被鎮議會圍起來。當地居民經常要求使用它來進行體育和娛樂活動，但市鎮裏總有理由解釋為甚麼這是不可能的——大多數是關乎公園的垃圾和害怕訴訟。一天早上，當地兩對父母安排一羣小孩去清除公園的罐子、瓶子和其他垃圾。他們確保報館知道這件事。他們沒有將圍欄拆除，但卻小心地將當局保持圍欄的所有理由拆解。不久，空地上舉行了足球比賽。鎮議會終究可以找到經費安裝設備。現在變得明顯的是，試圖將公園賣給一個主要的零售發展商，會帶來政治上的災難。那兩對父母由清理瓶子開始。不出幾個星期，他們便有一項青年運動。結果證實，他們並非每個人最初以為那樣沒有權力。

說「真的，我無能為力」，這是沒有用的。我們發現自己有很多事情可以做時，政治便開始。當我們發現自己必須做的事就是耶穌所做的事時，門徒的生活便開始。

「真理是甚麼呢？」

對耶穌與彼拉多的會面，約翰的記述顯示彼拉多裏面是空洞的，在猶太他的政權裏面是空洞的，而最終整個羅馬帝國的裏面也是空洞的。「真理是甚麼呢？」他的問題總結了這一切。這是耶穌和彼拉多的故事裏的第二個關鍵時刻。

彼拉多正運作一部無情的、有效率的機器。它令普通人成為沒有權力的臣民，它令社會、政治和宗教精英願意成為賣國賊，它也令彼拉多特別富有。和大部分無情的官僚一樣，它不用停太久去探究原由。幾乎每一次冒險的理據都是為了維持現狀。

彼拉多的世界與現今世界的距離，並不如驟眼看來那樣遠。它們的共通之處是「真理」是很難談論的事情。在一個著名的場合，貝理雅（Tony Blair）的助手截住一個向英國首相提出的有力問題，說出「我們不扮演上帝」（“We don’t do God”）這句令人難忘的話。換句話說，請不要深入挖掘關於真理的問題。我們嘗試推動一個官僚體制，令大部分人於大部分時間都感到滿意。這樣令我們可以連任。不要藉著問為甚麼而破壞平衡。當然，那個助手十分聰明——每當首相大體上提到終極目的或特別提到上帝時，傳媒都會起哄（例如當貝理雅後來說到關於入侵伊拉克一事，上帝會判斷他時），顯示英國公眾覺得這些問題令人十分不安。彼拉多在英國的政治生活裏會感到頗為自在。

「我們不扮演上帝」這句話，生動地顯示西方民主的公共生活怎樣勉強接受了一種對真理的工具性的觀念。如果一件事行得通，帶你去到下一個地方，它便是真實的。沒有人討論過最後的地方是甚麼。例如：在英國，人們努力工作，讓子女可以入讀最好的學校（他們要不是努力賺取好收入以支付學費，就是努力賺取足夠金錢，在「好」的公立學校區域買房子，或是努力與教育當局爭論，要讓兒女進入這些學校）。在最好的學校，學生努力要進入最好的大學。入了最好的大學後，他們努力取得最好的成績。最好的成績令他們能夠得到最好的工作。但甚麼是最好的工作？當然是能賺得足夠金錢送兒女進入最好的學校的工作。這就是我說的，對真理和價值的工具性的觀念。它是個我不能逃脫出來的循環，直到我找到另一種方法界定「**最好**」這個詞。

對彼拉多來說，要盼望的一切大致與以往的一樣。耶穌問他為甚麼。他沒有答案。耶穌將彼拉多的想像力擴展到它所能及的範圍以外，彼拉多承受不住，出去繼續他對耶路撒冷當局的無情嘲笑。彼拉多不能想像一種秩序，是不建基於軍事暴力威脅的——一個羅馬總會贏出的競爭。但耶穌指向一個並非建基於武力的帝國，一個釋放百姓的皇帝，不被死亡束縛的生命——而祂稱這為「真理」。你可以看到彼拉多皺眉頭，他發覺目光很難集中，他結實的雙腿開始發抖。

耶穌有沒有令我們的想像力擴展？我們是否容許祂挑戰我們對真理的工具性的觀念？我們會不會冒險讓祂拆散那精心預備的簡報，那些簡報告訴我們怎樣令我們的公司、機構或家庭更富有、安全、健康和強壯？我們有沒有突然想到，我們就是故事中的彼拉多，對耶穌說：「不要騷擾我小心安排的世界。不要這樣看著我。我沒有權力。

我沒有操縱別人。我不是認為避免問為甚麼是最好的。我不是。我不是。我不是…… 我是嗎？」

供個人或小組思想的機會

我想，在你的世界中有哪些東西是每個人都想要的。

我想，在你的世界中誰顯得最有權力。

我想，如果你選擇的話，你可以用一句話或一個動作貶損的一個人，在這人的控制之下，會是怎樣的。

我想，彼拉多晚上睡覺前做、說或讀甚麼。

我想，被一個知道自己的權力在你之上的人折磨，會是怎樣的。

我想，感到真理正與你對抗時，會是怎樣的。

我想，為了避免「為甚麼」這個問題而令談話和彼此的交往繼續下去，會是怎樣的。

我想，一個人知道自己做了十分可怕的事時否認自己的責任，會是怎樣的。

我想，一個人發現自己比之前所知的更有權力，會是怎樣的。

主上帝我們的父，

祢兒子站在總督面前，生命懸於一線：

我們為今天所有受審判的人禱告，

他們可能會失去聲譽、自由或生命——

我們記起那些未經審判便面對囚禁的人；
我們在祢面前記念所有擔任公職的人，
祈求祢的聖靈會建立他們
不單是成為程序和效率上的專家
而是成為能夠聆聽和說出真理的人。

求祢給我們恩典去分辨和評估我們每人擁有的權力，
透過我們投資的金錢，我們結交的朋友，我們擁有的股份，
我們加入的社團，我們投下的票，我們去的商店，
我們使用的語言，我們寫的信，以及我們信守的承諾：
我們否認自己的責任，表示自己無能為力的時候，
求祢憐憫我們；
更新我們，使我們成為祢的身體，
好像祢的靈那樣運用祢的權力，
釋放人們，使他們得到祢藉祢兒子，耶穌基督，
所帶來的豐盛生命。阿們。

2. 巴拉巴

巴拉巴

這一章研究暴力。人們感到無力，言語似乎沒有用時，他們幾乎都會感到不能再等，必定要使用他們擁有的微小力量。巴拉巴大概不是個會小心、冷靜地看他成功的機會的人。更可能的是，他確信自己對世界的看法正確，以致他認為追求任何事都是合理的。我們相信自己正確，但卻遇到巨大障礙時，我們應該怎樣做？

政治選擇

在第一章，我們看羅馬統治的冷酷和殘暴，以及它怎樣成功地駕馭本地精英的支持，同意它行使權力。人們似乎甚麼也不能做。面對羅馬的統治，人們可以怎樣回應？他們大致有四種選擇。

合作

合作是那些渴望取得財富和某程度權力的人的惟一選擇。透過與本地精英合作，羅馬統治它的帝國。大希律將統治階層的策略體現出來，他是有一半猶太血統的君王，在那一代施行統治直到耶穌出生。希律大規模地重建猶太聖殿，得到羅馬人支持，本地人也反應熱烈。但在聖殿的大門上面，猶太身分的焦點，希律卻放了一隻代表羅馬的金鷹。希律引入一個高級的祭司階級，其中有些人不是來自猶太，而是從分散在地中海的猶太人口中歸回的人。因此，耶穌時代的猶太領袖既不代表百姓，也不代表帝國。

合作涉及到清醒地承認以色列的主權已經完了和喪失了。大衛王的繼承人復位只是個幻想。但合作也要求一份信心，相信從羅馬人贏得的特權是珍貴和可以持久的。但羅馬總督的一連串殘暴介入，表示事實並非這樣；現實是，耶路撒冷當局在總督手中只是傀儡。

改革

所謂申典歷史（Deuteronomistic history）——諸如撒母耳記和列王紀這些舊約書卷，講述以色列怎樣於淪陷被擄的四百年前在大衛和所羅門統治下興起以佔優勢——的整個精神特質（ethos），是被擄到巴比倫是上帝的百姓遠離上帝的路以後無可避免的後果。因此，耶穌時代識字的猶太人要明白他們在羅馬統治下的處境，最可能的方式是沿著同一思路——視它為猶太人自招的。因此，恰當的回應是改革猶太人的生活方式，回到上帝對祂百姓的呼召，就是要聖潔。

或許，關於聖潔，潔淨（purity）就是那界定的問題。猶太人以前有一塊聖地，以色列的土地，在那片土地上有神聖的地方，按等級安排，最高級的是耶路撒冷聖殿的至聖所。他們也有神聖的時刻，特別是每星期的安息日，但也有好像逾越節、贖罪日、住棚節等節日。他們有神聖的人物，同樣根據潔淨分成階級，祭司在頂層，身體殘障的接近最底層。他們有身體上的神聖記號，就是割禮。他們有神聖的事物，特別是食物，也相應地有不潔的東西，例如屍體和體液。

普通人，特別是在地上工作的人，要遵守這些潔淨的法典，在實際上和經濟上都是不可能的。撒都該人是一個政治和宗教黨派，有很多富有的成員，他們只接受摩西寫下來的律法。他們認為只有祭司才能夠真正聖潔。這令與羅馬有共同目標的上等階層得以維持合乎情理。對比起來，法利賽人則是一個界定自己為反對撒都該人的政治和宗教黨派。他們重視家多於聖殿。他們藉著以可行的方式重新詮釋法典，從而令羣眾可以遵守那些關於潔淨的法典。法利賽人的計劃是將權力集中在他們手中。畢竟，他們是關於潔淨的惟一可以信任的仲裁者。那計劃為他們的社會權力聚集了大眾的普遍支持，而他們的權力不需真的建基於對貧窮人的支持。我們不時可以見到，耶穌與法利賽人為潔淨的詮釋發生衝突，也批評他們宣稱自己站在羣眾那邊。

引退

對愛色尼人來說，潔淨這個問題的答案不在於將聖潔限制於少數人之內，或擴展到很多人；而是在於引退到嚴格的羣體中。好像勾結的選擇一樣，引退表示改變現存秩序的機會小，甚至完全沒有。但好像改革的選擇一樣，在以色列恢復聖潔的生活被視為關鍵的問題。

愛色尼人的世界觀是，以對身體的價值抱深深的懷疑為基礎。死亡是會受到歡迎的，因為身體被視為牢獄，靈魂渴望從中逃脫。愛色尼人尋求潔淨心靈，對聖殿獻祭漠不關心，他們認為獻祭太容易受到污染。他們十分認真看待禮儀的潔淨，嚴謹遵守安息日，甚至延遲上洗手間。他們仔細照顧病人，也慷慨接待陌生人。這羣體中至少一部分人預料一場衝突即將發生，上帝於一次可怕的鬥爭後，會勝過那壓迫以色列的力量。但沒有證據顯示，這對控制猶太的力量構成任何暴力或非暴力的交鋒。

復國主義

第四種取向可以稱為暴力革命。但「革命」是一個時代上的錯誤。現代的革命，無可避免地由那些假設以前的做事方法並不好，新方法不單是可能，也是迫切需要的人進行。換句話說，他們的黃金時代置於將來。這觀點在耶穌的時代幾乎是難以想像到的。當時人們普遍認為，黃金時代在以往出現，人們能夠渴望的是恢復以前蒙福的秩序。對猶太人來說，蒙福的時代一般被視為大衞王的時代，大約在基督之前一千年。

從奧古斯都的統治開始，羅馬便愈來愈不關心它對共和國去征服和統治這明顯的天命的觀念，而是更專注於對皇帝本身的崇拜。敬拜皇帝在猶太巴勒斯坦裏是不能容忍的，在那裏，亞伯拉罕、摩西和大衛的上帝被視為惟一的主，所以猶太的節期變成反對羅馬的重要時刻。

耶穌時代的奮鋭黨對耶路撒冷當局如同對羅馬的統治一樣憤怒。他們很多人是猶太的農民，因為給祭司什一奉獻而氣憤——很多祭司本身是地主，因此從農民身上得到雙倍的利益。其他人則是祭司階級中的較低級成員。他們周圍聚集了一些奴隸，和另外一些即使守法也不會得到甚麼的人。這些人被稱為強盜。對這些人來說，恢復長久失落了的君王家系，回到較古老的法律和社會習俗，趕走本地的統治階級，恢復前代的顯要，是十分吸引的。

要明白促成強盜活動的社會狀況，我們只需要思想在美英入侵後伊拉克的情況。好像福音書中的猶太，伊拉克的社會是傳統農業社會，農民慣於被地主和政府剝削。戰爭帶來的經濟危機和社會分裂，令賊黨廣泛出現。農民左右為難，一方面關心法治，另一方面他們的看法和強盜相同，強盜也往往代表這看法：一種公義和對宗教忠誠的基本農民意識。我們並非每次都清楚，不守法是否簡單地代表犯罪，或者這是對現況的一種根本的拒絕。

因此，奮鋭黨的顯著特點不是他們的激進或革命，要推翻現存秩序，引入自由、平等，和再分配財富及權力的新紀元。相反，奮鋭黨提供的幾乎只是一件事：改變政府，改換令體制運作的人，就是認為要由有權勢的精英控制工人階級的體制。與耶穌的計劃相比，奮鋭黨並非挑戰太多，而是太少；問題不是他們想改變甚麼，而是他們認為多少事物會維持不變。奮鋭黨使用的暴力方法的問題，同樣不是因為它們太強而有力，而是因為它們太軟弱。

耶穌與奮鋭黨

耶穌明確對撒都該人、法利賽人和其他羣體説話，談及這些羣體的時候，福音書沒有記載祂直接向奮鋭黨説話。讀者需要找更隱晦的表示和暗示。其中一些將耶穌和奮鋭黨聯繫起來。另外一些特別使耶穌和祂的追隨者與奮鋭黨的運動和它的方法疏遠。

最明顯地提到奮鋭黨的，是門徒的名單，其中一個門徒稱為「奮鋭黨的西門」（太十 4；可三 18；路六 15；徒一 13）。有些學者猜測，十二門徒中多達一半都與奮鋭黨運動有某些聯繫。有些人也提出，路加提到「彼拉多使加利利人的血攙雜在他們祭物中」（十三 1）時，真正意思可能是「彼拉多使加利利人的血攙雜在他們的受害人中」，經文可能指奮鋭黨的叛亂，這可能與其他當代的報告一致。

或許更有成果的，是看到耶穌的信息和奮鋭黨的精神特質有幾個共同特點。「你們飢餓的人有福了！因為你們將要飽足。你們哀哭的人有福了！因為你們將要喜笑。……你們飽足的人有禍了！因為你們將要飢餓。你們喜笑的人有禍了！因為你們將要哀慟哭泣。」(路六 21、25)這是奮鋭黨很高興聽到的話。同樣，耶穌在委身於上帝的國這更大的背景中處置家庭的聯繫時，奮鋭黨會聽到一首他們願意唱的歌：「人到我這裏來，若不愛我勝過愛自己的父母、妻子、兒女、弟兄、姐妹，和自己的性命，就不能作我的門徒。」(路十四 26)但最重要的是，奮鋭黨贊同耶穌呼召人無條件地服從，並樂意地接受門徒身分，到受羞辱、痛苦地殉道——那十字架——的地步。「為義受逼迫的人有福了！因為天國是他們的。」(太五 10)「你們不要想我來是叫地上太平；我來並不是叫地上太平，乃是叫地上動刀兵。因為我來是叫人與父親生疏，女兒與母親生疏，媳婦與婆婆生疏。人的仇敵就是自己家裏的人。」(太十 34～36)最重要的是，有合理的理由推斷，耶穌召喚門徒是源自奮鋭黨的做法：「若有人要跟從我，就當捨己，背起他的十字架來跟從我。」(太十六 24)

同樣重要的是，關於世界即將結束，耶穌所使用的語言也與奮鋭黨的世界觀相呼應。奮鋭黨相信，有一天上帝會解救祂的百姓脱離羅馬的壓迫，只有上帝會施行統治。事實上，根據他們的理解，這解放前的迫害時刻已經開始。他們視飢荒和希律的行政混亂為這有目的的痛苦的一部分。根據他們的看法，關鍵是上帝的百姓承認上帝是惟一的統治者。奮鋭黨沒有區分他們盼望地上的權力轉移，由羅馬人轉交給他們，以及他們渴望上帝從天上介入，作祂的百姓和祂的世界的惟一統治者。對於上帝即將帶來的轉化，由人類自己決定盡可能參與多少。雖然他們相信只有上帝可以帶來拯救，但他們巧妙和有技巧地顛覆權力結構，並犧牲自己，放棄財產和生命。

這顯示耶穌和祂的追隨者與奮鋭黨有很重要的相似之處。但他們同樣有重要的不同。最重要的是，耶穌明確地摒棄暴力：「溫柔的人有福了！因為他們必承受地土。……使人和睦的人有福了！因為他們必稱為上帝的兒子。」（太五 5、9）「要愛你們的仇敵，為那逼迫你們的禱告。這樣就可以作你們天父的兒子。」（太五 44～45）「耶穌對他說：『收刀入鞘吧！凡動刀的，必死在刀下。』」（太二十六 52）而且祂對外邦人抱接納的態度：「從東從西，將有許多人來，在天國裏與亞伯拉罕、以撒、雅各一同坐席。」（太八 11）對潔淨，祂與奮鋭黨的觀念十分不同：「『我喜愛憐恤，不喜愛祭祀。』這句話的意思，你們且去揣摩。我來本不是召義人，乃是召罪人。」（太九 13）奮鋭黨不能明白耶穌好撒馬利亞人的比喻（路十 30～37）。

在這個背景下，我們更容易看到耶穌的話的重要性：「上帝的國來到不是眼所能見的。人也不得說：『看哪，在這裏！看哪，在那裏！』因為上帝的國就在你們心裏。」（路十七 20～21）因為耶穌明確否定上帝預備了一個有秩序的模式，令痛苦和政治叛亂會配合上帝的介入，恢復祂的統治和為以色列辯解。奮鋭黨理解的熱誠——無條件地獻身於以暴力恢復敬虔的統治，是沒有立足之處的。相反，有另外一條無條件的誡命：愛上帝和鄰舍——甚至是陌生人和敵人。

耶穌和奮鋭黨之間的相似和分別，明確顯示在福音書兩段經文中。第一段來自約翰對潔淨聖殿的描述。耶穌「就拿繩子做成鞭子，把牛羊都趕出殿去，倒出兑換銀錢之人的銀錢，推翻他們的桌子，又對賣鴿子的說：『把這些東西拿去！不要將我父的殿當作買賣的地方。』他的門徒就想起經上記著說：『我為你的殿心裏焦急，如同火燒』」(約二 15～17)。在這裏，耶穌的表現似乎好像奮鋭黨一般，顯示熱誠，並以暴力行事。毫無疑問，耶穌和奮鋭黨一樣渴望以色列重新將焦點單單放在上帝那裏。但這不是暴力的熱誠；這個記述裏的攻擊針對羊、牛、錢幣、桌子和鴿子。沒有人受到傷害，更不要說遭殺害了。它是生動的象徵，不是暴力叛亂的元素。

第二段經文是馬太記述耶穌被捕。猶大的親吻後，「那些人上前，下手拿住耶穌。有跟隨耶穌的一個人伸手拔出刀來，將大祭司的僕人砍了一刀，削掉了他一個耳朵。耶穌對他說：『收刀入鞘吧！凡動刀的，必死在刀下。你想，我不能求我父現在為我差遣十二營多天使來嗎？若是這樣，經上所說，事情必須如此的話怎麼應驗呢？』當時，耶穌對眾人說：『你們帶著刀棒出來拿我，如同拿強盜嗎？我天天坐在殿裏教訓人，你們並沒有拿我。但這一切的事成就了，為要應驗先知書上的話。』當下，門徒都離開他，逃走了」(太二十六 50～56)。在這裏，耶穌明確指到奮鋭黨，他們實際上是「強盜」。在拘捕祂的人眼中，祂明顯構成政治威脅，但祂清楚表明，祂的軍隊和奮鋭黨的軍隊十分不同，祂也不需要使用軍隊。但隱含在整個辯論的，是耶穌與父的親密，這是奮鋭黨不能明白的。

這個耶穌與奮鋭黨的比較確立了兩件事情。其一是耶穌確立了新的生命形式，其他人視之為政治威脅。另一件是耶穌無意將社會計劃轉化為暴力革命。耶穌新的生命形式的本質，或許尤達表達得最好：「因此關於門徒的新羣體，那些於打算改變社會的人中在社會學的特徵上最有特色的：一個可見的、有結構的團體；一個清醒的決定，保證委身於團體的代價是有意識地得到接納的；以及清楚地界定的生活方式，是與羣眾不同的……這不同不是一種敬拜或禮儀的分割，而是（『世俗地』）參與世界的生活裏一種不順從的特性。對現時掌權的，它因此構成不可避免的挑戰，以及成為或開始一套新的社會選擇。」[1]

耶穌與巴拉巴

所有福音書作者都描述，羣眾選擇巴拉巴而不是耶穌。在第一章，我們看見耶路撒冷當局代表的第一種政治選擇，如上面描述的。在這裏，我們假設巴拉巴代表第四種政治選擇。究竟他是否正式是奮鋭黨一員，福音書的作者選擇不告訴我們。重要的是，耶穌的道路和巴拉巴的道路形成鮮明的對比——而羣眾選擇巴拉巴。現在讓我們看四福音對這個選擇的論述。

馬太福音

巡撫有一個常例，每逢這節期，隨眾人所要的，釋放一個囚犯給他們。當時有一個出名的囚犯叫巴拉巴。眾人聚集的時候，彼拉多就對他們說：「你們要我釋放哪一個給你們？是巴拉巴呢？是稱為基督的耶穌呢？」巡撫原知道他們是因為嫉妒才把他解了來。正坐堂的時候，他的夫人打發人來說：「這義人的事，你一點不可管，因為我今天在夢中為他受了許多的苦。」祭司長和長老挑唆眾人，求釋放巴拉巴，除滅耶穌。巡撫對眾人說：「這兩個人，你們要我釋放哪一個給你們呢？」他們說：「巴拉巴。」彼拉多說：「這樣，那稱為基督的耶穌我怎麼辦他呢？」他們都說：「把他釘十字架！」巡撫說：「為甚麼呢？他做了甚麼惡事呢？」他們便極力地喊著說：「把他釘十字架！」彼拉多見說也無濟於事，反要生亂，就拿水在眾人面前洗手，說：「流這義人的血，罪不在我，你們承當吧。」眾人都回答說：「他的血歸到我們和我們的子孫身上。」於是彼拉多釋放巴拉巴給他們，把耶穌鞭打了，交給人釘十字架。（二十七 15～26）

「亞爸」(Abba)的意思是「父親」，是一種帶親密意思的表達，正如耶穌經常使用的那樣，特別是在主禱文裏(六9)。前綴「巴」(Bar)的意思是「兒子」——正如巴拿巴(Barnabas)、巴底買(Bartimaueus)、巴多羅買(Bartholemew)和西門．巴約拿(Simon Bar-Jonah)。在阿拉伯語，那前綴會是「阿布」(Abu)，正如聲名狼藉的巴勒斯坦領袖阿布．尼達爾(Abu Nidal)和在巴格達(Baghdad)西部的軍事監獄阿布格萊布(Abu Ghraib)。在蘇格蘭，那前綴會是麥克(Mac或Mc)，正如麥克唐納(Macdonald)；而在愛爾蘭，則是奧(O')，正如奧凱恩(O'Kane)。

因此，羣眾可以在「耶穌，父親的兒子」(巴拉巴；編按：他的名字是耶穌．巴拉巴〔Jesus Barabbas〕)和耶穌基督，也是天父的兒子之間作選擇。兩人之間的相似之處甚為清楚。馬太一再將兩人放在一起：「哪一個？」(二十七17)「是巴拉巴呢？是稱為基督的耶穌呢？」(17節)「這兩個人……哪一個？」(21節)「『巴拉巴。』……『這樣，那稱為基督的耶穌我怎麼辦他呢？』」(21～22節)「彼拉多釋放巴拉巴……把耶穌鞭打了。」(26節)

這選擇不單是嚴酷的；它也有一大羣觀眾。好像戲劇的最後一幕，彷彿每個角色都回到舞台。我們有羅馬總督，合謀的猶太當局，復國主義的奮銳黨人，和搖擺不定的羣眾。惟一不在場的是門徒。重要的是，這一幕是在羅馬領土上，根據羅馬規則上演；好像格鬥士比賽結束時一樣，通常在對決的強盜——被定罪的罪犯或對抗羅馬的人——之間，羣眾會選擇哪個戰鬥者死，哪個生存。

因此，對馬太來說，問題深切關乎選擇。羣眾可以在兩個稱為耶穌的人之間作選擇，其中一個尋求和平，另一個施行暴力。關於耶穌對羅馬的威脅，讀者可以有不同閱讀方式的選擇權。我們在上一章探討了這威脅。教會一直都有選擇權，選擇跟隨哪個耶穌。馬太毫不妥協地重點指出這選擇的責任：羣眾接受了責任，彼拉多可憐地試圖逃避責任，但在這幕結束時，歷史裏這個時刻的決定性選擇，是揭露我們每個人真實的一面的。

馬可福音

> 每逢這節期，巡撫照眾人所求的，釋放一個囚犯給他們。有一個人名叫巴拉巴，和作亂的人一同捆綁。他們作亂的時候，曾殺過人。眾人上去求巡撫，照常例給他們辦。彼拉多說：「你們要我釋放猶太人的王給你們嗎？」他原曉得，祭司長是因為嫉妒才把耶穌解了來。只是祭司長挑唆眾人，寧可釋放巴拉巴給他們。彼拉多又說：「那麼樣，你們所稱為猶太人的王，我怎麼辦他呢？」他們又喊著說：「把他釘十字架！」彼拉多說：「為甚麼呢？他做了甚麼惡事呢？」他們便極力地喊著說：「把他釘十字架！」彼拉多要叫眾人喜悅，就釋放巴拉巴給他們，將耶穌鞭打了，交

給人釘十字架。(十五 6～15)

在馬可福音的記述中，祭司長是那麼肯定他們的真正敵人是耶穌，以致他們建立起不尋常的、支持對抗祂的聯盟。他們不單召集羣眾(我們較早時提到，根據祭司的準則，他們是無力成為聖潔的)；他們和羅馬總督站在同一邊，這個人令他們屈從於他；為了完成他們的聯盟，他們求要巴拉巴，一個殺人犯和革命分子，這個人希望暗殺他們，並清除他們整個階級。這樣選擇聯盟，是頗為不尋常的。

馬可比馬太更明確地說出，羣眾是在兩種革命之間作選擇的。一方面是巴拉巴。巴拉巴的革命形式是刺殺主要的政治人物。這些人物必須死，讓百姓可以自由，雖然百姓是否真的可以因此得到自由是成疑的。這種做法不單註定失敗，更可能引來羅馬強大力量的反彈；更隱晦地，我們不清楚巴拉巴除了改換政府外，會承諾做甚麼。那個系統不大可能會改變。

相反，另一方面有耶穌——真正的革命分子。耶穌並不假設其他人必須死，讓祂可以得自由。祂明白祂必須死，讓其他人得自由。為自由而殺人並不值得，卻值得為之而犧牲。耶穌所做的，是祂期望追隨者會做的事情：祂捨己，背起祂的十字架。耶穌是真正的革命分子，因為祂承諾一個全新的帝國——不是凱撒的統治，而是上帝的國；一種全新形式的統治——不是受人服事，而是服事人；以一種十分不同的方法引入新的統治——不是戰爭的馬匹，而是和平的騾子；一種獨特模式的轉化——不是革命，而是復活。

路加福音

眾人卻一齊喊著說：「除掉這個人！釋放巴拉巴給我們！」這巴拉巴是因在城裏作亂殺人，下在監裏的。彼拉多願意釋放耶穌，就又勸解他們。無奈他們喊著說：「釘他十字架！釘他十字架！」彼拉多第三次對他們說：「為甚麼呢？這人做了甚麼惡事呢？我並沒有查出他甚麼該死的罪來。所以，我要責打他，把他釋放了。」他們大聲催逼彼拉多，求他把耶穌釘在十字架上。他們的聲音就得了勝。彼拉多這才照他們所求的定案，把他們所求的那作亂殺人、下在監裏的釋放了，把耶穌交給他們，任憑他們的意思行。（二十三18～25）

路加記述耶穌與巴拉巴的相遇，沒有那麼強調兩個革命人物之間的對比。正如我們較早時探討過，重要的是，要記得在路加的記述裏，彼拉多不斷低估耶穌。因此這一幕有點像默劇，羣眾（和讀者）可以看到一些彼拉多這個主角看不見的事情。彷彿彼拉多是個動搖的佶倨男爵（Baron Hardup），羣眾則好像默劇的觀眾一樣，在彼拉多一直留意不到耶穌帶來的危險時，不斷喊叫：「他就在你後面。」

多個世紀以來，很多基督徒，包括卑微的信徒和地位優越的領袖，都竭力堅持耶穌是無辜的。這是可以理解的，因為從一開始，基督徒便相信，基督好像我們一樣受試探，但卻沒有罪（來四 15）。但如果我們不明白耶穌對羅馬總督真的構成威脅，耶穌、彼拉多和巴拉巴之間的這幕便沒有多少意思，甚至完全沒有意義。耶穌沒有罪這個事實，令那威脅更大。如果問題是：「耶穌有沒有說或做任何事情，威脅到羅馬在猶太的統治？」答案無疑是：「有。」正因為這樣，耶穌死於暴力是無可避免的。

但人們仍然緊守著一個觀念：耶穌不單無罪，更是無辜的——也就是說，沒有對羅馬造成威脅。堅持耶穌無辜的人，大致有三個假設。第一個完全以救恩為焦點，狹窄地從個人而不是社會來理解。根據這個觀點，耶穌來主要是為了作代罪羔羊，為世界的罪代贖而受死。耶穌的死那具體的歷史情況對這種理解毫不重要，雖然耶穌被祂自己的同胞拒絕這個事實，只是令耶穌必須以死作補償的罪加深。

第二個假設是耶穌是屬靈人物，祂的興趣不在於重整社會秩序，而在於校正靈魂的方向。從這個角度看，對祂死時的耶路撒冷的政治危機，耶穌的取向總是指向它有限、短暫的性質，且強調上帝無限、永久的性質。同樣，除了展示罪那完全的可怕（在猶大和祭司長的臉上），以及赦免的真正性質（在耶穌於十字架上的憐憫的話裏），耶穌死亡的細節對這個理解並不特別重要。

第三個假設是耶穌只是一個鄉村人物，講述一些尖銳曲折的離奇故事，從農民和漁民中吸引到一羣追隨者，大致上有中世紀馬戲團喧喧鬧鬧的樂趣。這個觀點傾向視耶穌的死為沒有理由的悲劇——可怕地誤解了一個不帶來傷害的遊吟詩人的動機和方法。釘十字架的故事的寓意，似乎很大程度上是：世界是一個殘忍和危險的地方，好像孩子一樣的純真總會被踐踏。

雖然這些假設十分普遍，但它們忽略了路加福音的模式和細節。耶穌宣告上帝將臨的統治（四 18～21），邀請人們參與（五 8～11），顯示它的轉化性質（五 12～13），明確提出它的要求和獎賞（六 17～36），並描述它獨特的恩賜（十五 11～31）。這不是個簡單、沒有受過教育的人物，或者對人類社會沒有興趣的先知，或者一個無可避免要死的人。耶穌帶來一種轉化，**革命**這個詞也不足以形容它，但卻是合適地令人警惕的保守說法。彼拉多、耶路撒冷當局、巴拉巴和羣眾都不能夠掌握耶穌所帶來的轉化的真正意義。好像默劇的角色，他們從觀眾的立場愚蠢地觀看。但和默劇的角色不同，他們可以帶來難以形容的破壞。

約翰福音

說了這話，又出來到猶太人那裏，對他們說：

「我查不出他有甚麼罪來。但你們有個規矩，在逾越節要我給你們釋放一個人，你們要我給你們釋放猶太人的王嗎？」他們又喊著說：「不要這人，要巴拉巴！」這巴拉巴是個強盜。（十八38下～40）

約翰的記述是最簡略的，它不像馬太福音和其他兩卷福音書的描述那樣，顯示彼拉多在格鬥士的比賽中提供耶穌和巴拉巴供人選擇。但約翰的簡短記述包括兩個關鍵詞語，補足我們對耶穌和巴拉巴的對比的印象。

第一個詞語是「逾越節」。馬太和馬可提到在「節期」釋放一個囚犯的慣例，但只有約翰在故事的這個關頭強調我們談及的是逾越節。這個介紹將彼拉多、耶穌、巴拉巴和羣眾之間的這幕，定為整體福音故事的縮影。彼拉多仿如出埃及故事中的法老。他用鎖鏈鎖著耶穌，就好像法老奴役希伯來人一樣。耶穌是逾越節羔羊，祂的血被塗在以色列人的門框上，釋放他們脫離主的奪命天使。巴拉巴是上帝那不配的百姓，因為上帝在耶穌裏捨己的愛而得到生命。巴拉巴的罪是過去的事，從這一刻開始，他在上帝之下有機會得新的生命。羣眾代表上帝百姓的脆弱和善變。即使他們得到耶穌所賜的生命的新可能性，他們仍然選擇在巴拉巴裏面的死亡。福音書的戲劇、悲劇、恩典和機會，所有集於一刻。

第二個詞是「強盜」（bandit）——這個詞在這裏得正

確地翻譯為「參與叛亂」(編按：根據英文聖經的經文)。約翰以前用過「強盜」這個詞。他兩次直接對比耶穌的事奉和強盜——英文聖經中翻譯為"robbers"(編按：《和合本》同樣譯作「強盜」)——的事業：「人進羊圈，不從門進去，倒從別處爬進去，那人就是賊，就是強盜。從門進去的，才是羊的牧人。」(十 1～2)「凡在我以先來的都是賊，是強盜；羊卻不聽他們。我就是門；凡從我進來的，必然得救，並且出入得草吃。盜賊來，無非要偷竊，殺害，毀壞；我來了，是要叫羊得生命，並且得的更豐盛。」(十 8～10)在這些對比中似乎明顯的是，強盜正是大概在帶領以色列的人——專注於將耶穌釘十字架的耶路撒冷當局。但將約翰福音十章和十八章放在一起，似乎說出耶路撒冷的領袖和巴拉巴同樣與耶穌遠離。耶穌是真正的牧羊人，百姓的真正領袖；盜賊和強盜，合謀者和奮鋭黨，違背了上帝要他們成為聖潔國度的呼召，他們都是同樣的差。

追求潔淨

我已聲稱巴拉巴和奮鋭黨不是真正的革命分子，而耶穌則是。我現在想以三個題目解釋這個聲稱，第一個是潔淨。正如我已經指出，潔淨是猶太人反對羅馬統治的核心，也是不同羣眾對那統治的回應方式的核心。只要大祭司自己的潔淨和他們祭物的潔淨不受損害，他們便心滿意足。法利賽人認為土地受到羅馬人的佔領所污染，嘗試建立內在的潔淨。愛色尼人相信潔淨只有在隱居的羣體中才可能存在。奮鋭黨相信，羅馬人仍然存在時，便不可能有真正的潔淨。

耶穌不斷推翻這些潔淨的觀念。法利賽人看見祂的門徒沒有依從禮儀洗手便進食時，耶穌説：「從外面進去的不能污穢人；惟有從裏面出來的乃能污穢人。」(可七 15) 法利賽人西門批評耶穌讓一個聲名狼藉的婦人洗祂的腳時，耶穌對婦人説：「你的罪赦免了。」(路七 48) 或許確定的是，耶穌上十字架時，祂知道聖經説：「被掛的人是在上帝面前受咒詛的。」(申二十一 23) 但十字架成了與上帝恢復團契的關鍵。

耶穌帶來潔淨的轉化，在祂與患了血漏十二年的婦人的相遇中最清楚顯明(可五 25～34)。那婦人的病令她永遠不潔，她走到耶穌後面，觸摸祂袍子褶邊宗教性的流蘇。她立即得到醫治。這個故事的重要性是，它顯示對耶穌來説，傳染是與法利賽人或奮鋭黨人的預期不同的。不是婦人的疾病令耶穌不潔；相反，是耶穌的聖潔潔淨婦人。耶穌的聖潔有高度傳染性——婦人只觸摸祂袍子的褶邊，便被轉化。人們的生命不再活在對被玷染的持續焦慮之下；有了耶穌，生命活在得到轉化的持續期望之下。

在十字架上，兩個「強盜」掛在耶穌兩邊時，這個對比體現出來。第一個想到他身體被那懲罰玷污，就試探耶穌，好像耶穌在開始事奉時受試探一樣：「救自己和我們吧。」(路二十三 39) 但另一個強盜被耶穌的聖潔轉化，而耶穌拯救的應許超越了那一幕的痛苦。

我們可以想像，當代文化已經拋棄了這種對潔淨的觀念。但事實並非這樣。法利賽人和奮鋭黨為潔淨擔心的所有方式，仍然沒有離開我們。他們對食物感到著迷。今天的消費者同樣對食物感到著迷。我們一旦假設「你吃甚麼，就代表你是甚麼」，我們便提供機會予營養補充劑、食物敏感、關於污染的用語，以及對食品恐慌的歇斯底里情緒。我們一旦停止專注於身體復活，我們很快便關注在我們現時的身體上尋求完美。我們怎樣吃，便聯繫到由健身室到美容院的一整套模式。潛藏的危險和奮鋭黨帶來的危險一樣：以為我們可以靠著自己的努力變得潔淨。

而且不單是食物。種族和國籍問題也深刻地與潔淨有關。對逃避迫害或尋找更好的經濟機會的人移民，反對的人往往很快就談及「污染」國家的血統或性格。奮鋭黨也一樣。但耶穌的潔淨觀念並不涉及任何種族的潔淨觀念。污染這詞所暗示的方向，是與國度的軌迹相反的。上帝的百姓沒有被污染的危險。相反，會傳染人的，是那些一直準備帶來轉化的人。

將事情帶到家裏和學校，哪個孩子的父母不擔心自己的子女可能交上不好的朋友？尋求以基督教信仰教導子女的父母，真的每天都相信入口的不能污穢人，出口的才能污穢人嗎？對潔淨的渴望，莫過於是追求完美的孩子，在悉心照料的環境中，有精心挑選的朋友和小心地維持均衡的飲食。

潔淨，也幾乎總是無可避免地與性有關。一個開始感到自己遇到結婚對象的年青人，悔恨地想到以前的關係裏的缺點：在黑暗中摸索，向父母說謊，在大學裏的深夜和睡眼惺忪的早上，疑惑到誰明白（和誰關心），以及關於預防後果的那些丟臉又實用的談話。他與一個聰明的朋友談話，那朋友只是說：「那令你快樂嗎？」年青人毫不猶疑地說：「不。」朋友說：「唔，那我認為那是值得同情而不是譴責的事情。不要忘記基督教是關乎得到潔淨，多於本身是潔淨。不要對自己那麼嚴厲，以致看不見赦免的欣喜和上帝在這新關係中給你的恩賜。最重要的潔淨，是你毫不含糊地接納上帝在耶穌裏給你的新生命。」

因此說耶穌帶來革命，而奮鋭黨沒有帶來革命，是指耶穌轉化潔淨的觀念。聖潔，不是由保持自己不受世界污染而取得的成就。它是由親近耶穌和那些他花時間一起的人，而感染的傳染病。

三種犧牲

犧牲是奮鋭黨的訴求裏的中心字眼，以前和現在都是。這個詞令戰爭似乎有意義，它構成集體暴力的邏輯。一個軍人為了自己國家相信是好的理由而被派去作犧牲，耶穌和巴拉巴的故事在今天對他說明甚麼呢？對於一場一個人可能不相信是公義的戰爭，這個人怎樣記念在其中死去的人？關於透過戰爭追求改變——或公義，令人想到三種犧牲。

第一種是那不願意殺人者的犧牲。我們派軍人去打仗時，要求他們推翻我們教導他們關於生命的一切。巴拉巴活在其中的世界，是個暴力和壓迫每天都真實發生的世界。對今天受到委派的大部分西方軍人來說，這不是事實。思考一下這個關於第二次世界大戰中一個軍人的故事。那個軍人的連隊被狙擊手攻擊。那狙擊手在釣魚的棚屋裏，對軍人一個一個地展開攻擊。那軍人很害怕，但他闖進棚屋，發覺房間是空的。有一道門通往另一個房間。他知道自己需要破開這第二道門，但他怕自己這樣做時狙擊手會殺死他。但當他破門而入時，發覺狙擊手穿著全副裝備，不能快速轉身。那軍人回憶說：「他受制於那套裝備，於是我用左輪手槍殺死他，我感到後悔和羞恥。我記得自己愚蠢地低聲說：『對不起』，然後嘔吐起來……我吐在自己身上。那是出賣了我自小接受的教導。」這個人突然被孤立。他發現自己殺了人。和巴拉巴不同，他不認為忠誠本身包括這樣做。

這裏有另一個記述，這次是一個下午，在一個教區會堂裏，一個朋友聽著一個越戰退伍軍人說話。在櫃枱旁邊，一個較年長的女人開始攻擊他：「你沒有權利哭訴你那場計劃不周的小戰爭。二次大戰才是真正的戰爭。你當時出生了嗎？哼？我在二次大戰裏失去了一個兄弟。」那兩個朋友嘗試不理會她；她只是一個當地人。但那退伍軍人終於受夠了。他看著那女人，平靜和冷漠地說：「你試過要殺人嗎？」「唔，沒有！」她好勝地說。「那**你**憑甚麼權利告訴**我**任何事？」有很長時間，整個會堂裏的人難堪地沉默下來，就好像客人剛看見一家人吵架時的情況一樣。接著那朋友安靜地問：「你剛才被迫，說出你在越南要殺人的事實。那對你來說是最糟糕的嗎？」他說：「是的。那是一半。」朋友等了很久，但退伍軍人沒有繼續說話。他只是凝望自己的啤酒。最後朋友問道：「另一半是甚麼？」「另一半是我們回來後，沒有人明白。」

這是我們期望軍人做的第二種犧牲。我們期望他們進入一個層次的經驗，是將他們和社區分開，要他們進入一個沉默的世界，因為不用這樣犧牲的人不會真正明白。軍隊中同僚的親密程度，是由為了更高的善而受苦的感覺所增進的。軍人間建立的聯繫，往往比他們與妻子間的聯繫更強。而記得軍人的犧牲，是承認這種親密的尊嚴和它的代價。因為我們不單記得倒下的人；也有那些生命永遠不再一樣的人——軍人、家人和朋友。我們聽到那退伍軍人的話迴盪：「沒有人明白。」記得是一個小小的動作，說道：「至少我們在嘗試。」我們的沉默是一種感激的沉默和要明白的努力。

但還有第三種犧牲，是直接源自巴拉巴和耶穌的對比的。那就是十字架的犧牲。耶穌走去十字架，祂知道祂體現上帝沒有終結的愛，表示祂需要面對死亡。但在舊約和新約裏，以耶穌的犧牲為**最後**的犧牲，這表達方式才是有意義的，它最終除掉罪，開展所有創造在上帝陪伴下的和平繁盛。上帝兒子的犧牲，是結束所有犧牲的犧牲。因此結束所有戰爭的戰爭，不是第一次世界大戰；而是十字架。十字架的好消息基本上是戰爭已經結束。我們聚集在祭壇前，我們藉著擘開代表基督身體的麵包而回想十字架時，我們在餅和酒中分享基督復活的筵席時，我們歡慶好消息，就是戰爭，真正的戰爭——對抗罪、死亡和魔鬼——已經結束。

那是一個令人不惜一切的真理。但不一定要為之而殺人的真理。這就是耶穌和巴拉巴之間的分別。我們怎能夠與我們殺死的人分享好消息？但從結束所有戰爭的戰爭以來九十年，在宣告戰爭完結的復活後二千年，我們仍然要求我們的軍人作出這些可怕的犧牲。以驚人的勇氣和尊嚴，他們繼續這樣做。有時我想，如果我們問我們的天父，十字架最糟之處是甚麼，祂會停很長時間，然後說：「我獨子的犧牲……是其中的一半。」如果我們在可怕的靜默中等候，最終有勇氣問：「另一半是甚麼？」祂會說：「另一半是二千年後，沒有人明白。」

改變得太少

巴拉巴和耶穌之間的選擇，我認為是整個福音故事的中心選擇，不是在走政治路線和走屬靈路線的人之間作選擇。不是在希望帶來外在改變，和要求人們內在改變的人之間作選擇。這是在改變得太少和改變一切的人之間作選擇。

巴拉巴改變得太少。是的，他有武器。是的，他有計劃——破壞羅馬人和耶路撒冷當局的密切結盟。是的，他有支持者。是的，人們跟隨他而死，張力增加，全國的復甦似乎可能出現。但基本上，巴拉巴和奮鋭黨仍然相信，重要的是誰是政府。他們仍然相信軍隊控制歷史的舵。他們仍然被他們認為是模塑現實的力量奴役。

耶穌改變的正是那些力量。耶穌來，不是要支持每個人所理解的模塑現實的力量。祂來改變它們。但即使今天，人們仍然假設巴拉巴是對的：政府是文明社會對鐵腕手段的掩飾，如市場和經濟這些隱藏的力量利用它們無形的手決定歷史的進程，而耶穌是真理和德行一個擺動著的浮標，被這些不能抵擋的浪捲到海中。但相信耶穌，是看到耶穌帶來的改變多麼深刻。在耶穌之後，歷史沿著新的軸心轉動。宇宙的中心變成十字架和復活。

十字架對耶穌的意義，永遠不能成為它對巴拉巴的意義。對巴拉巴來說，十字架表示除去反對，與羅馬的殘暴正面交鋒，是他希望會帶來全國勝利所要付出的個人代價。對耶穌來說，在十字架，上帝自己接收並背負人類的罪和愚蠢的整份可怕恐懼感。在耶穌的復活中，上帝將這恐懼變成榮耀。正如耶穌接收那婦人十二年的血漏，帶出醫治和拯救，如是透過十字架和復活，上帝接收罪和死亡，帶出喜樂。耶穌不單改變政府；祂改變現實的核心。

這是現實的轉化。這是巴拉巴甚至不能想像的改變，更不要說帶來這種改變了。巴拉巴代表一連串無盡的暴力。他是渴望給以色列自由，為自己帶來一點成就的人，在無盡的不公義、怨恨、魯莽和懲罰中，他的故事又再提供另一個元素。對那種似乎令巴拉巴這樣的生命無可避免如此的力量，耶穌展示一種基本的轉化；祂代表天國的介入，恩典的傾注。羣眾選擇巴拉巴。而在大部分時間，他們仍然這樣做。

供個人或小組思想的機會

我想，感到你需要合作，即使你這樣做時必須失去一些寶貴的東西，會是怎樣的。

我想，有人告訴你，你是不潔的，會是怎樣的。

我想，總認為過去的黃金時期一切都很好，會是怎樣的。

我想，認識兩個十分不同卻有相同名字的人，會是怎樣的。

我想，在回顧時發覺一切都有賴一個選擇，會是怎樣的。

我想，是甚麼令人找到理由，解釋耶穌與今天的政治生活是毫不相干的。

我想，你的潔淨法典是怎樣的。

我想，有人要求你作出真正重要的犧牲，會是怎樣的。

我想，好像巴拉巴這樣的人在歷史中曾經帶來甚麼真正的改變。

轉化的恩典的主上帝，
祢的兒子站在巴拉巴旁邊，
在「自由偶像」的荒謬遊戲中：

我們為所有活在暴政之下的人禱告，
無論是在國家、文化或家庭裏的；
我們記起所有追求合作、
更新、退出或暴力抵抗之路的人；
我們特別記起在軍隊中服役，
又知道自己為了別人的意識形態和尊嚴，
冒生命危險的代價的那些人。

求祢幫助我們在祢面前認出
我們的生命怎樣否認祢兒子的轉化：
我們對潔淨的形式的著迷
並不反映祢的憐憫和赦免；
我們獻上和要求犧牲
是不會帶來和好或令我們聖潔的；
我們採取匆忙和暴力的解決辦法
來解決深刻和常見的困難。

求祢令我們成為學懂怎樣好好作選擇的人，
在被排斥的人中尋求祢的社會，
在僕人中尋求祢的統治，
在祢兒子的復活中尋求祢的能力；
以致在結帳那天我們站在羣眾當中時
可以不唱巴拉巴的歌，
而是高唱祢兒子耶穌基督的歌。阿們。

3.

亞利馬太的約瑟

亞利馬太的約瑟

這一章的問題是：是否可能祕密地作基督徒。很多人——不單是非基督徒——假設基督教信仰基本上是一件私人事情。但耶穌的死亡和復活改變了現實的核心——這絕對不是私人事情。抱持基督教信仰，而個人生命的外在狀況卻不改變，這是否可能？

統治階層中的祕密基督徒

我們很容易看到，耶穌刺激祂那個時代很多以色列人的想像力。有些人放棄一切跟隨祂。但其他人如果這樣做，無疑會失去很多東西。他們有聯繫。他們有財富。他們有影響力。如果人們知道他們跟從那個來自拿撒勒的人，他們三者都會失去。

正如我們已經看到，福音書對當時猶太上流社會抱負面的觀點。統治階級的每一方面，都被描述為對以色列的呼召有很大破壞。首先有希律黨人，他們圍繞大希律和他的兒子。馬太以生動的用語將大希律描述為法老的化身，殺死以色列的眾子，就好像摩西的時代一樣（太二16～18；出一16）。馬太和馬可在講述施洗約翰被處死時，都顯示希律．安提帕的統治那內部的腐化。而且當時的婚姻完全不顧猶太的律法，年青女子在醉酒的宴樂中招待統治階層裏作領導的男性，而關於生死的重要決定是魯莽地作出，毫不關注公義的（太十四1～12；可六14～29）。

接著有文士，馬可對他們特別敵視。他們來自擁有土地的貴族和祭司階級，他們透過在教育、司法和政府中佔據主要地位而建立了相當的權力基礎。他們獲選去領導猶太人會堂，成為社區的長老，並擔任法官。他們代表司法和政治的現狀，無可避免地，耶穌經常與他們衝突。（登山寶訓結束時，羣眾訝異耶穌的教導，「正像有權柄的人，不像他們的文士」〔太七29〕。）這和他們為了自己在社會和經濟上得益而濫用特權無關。即使那個與耶穌討論哪一條誡命最大的文士——這談話結束時雙方同意應該是關於愛上帝和鄰舍——也只是被描述為「離上帝的國不遠了」（可十二34）。文士似乎最多也只能夠這樣。

在前一章，我們看到撒都該人的缺點。但在介紹這一章時，進一步仔細地描述法利賽人的優點和缺點，特別是在約翰眼中的，可能會有幫助。法利賽人被視為第一世紀猶太教中比較「進步」的黨派，因為他們接受口傳的律法——包括比較近期的，相信死人復活。而對大部分黨派來說，在精心籌算與羅馬合謀和暴力抵抗之間作選擇是簡單明瞭的，但法利賽人卻有道德資源實行非暴力的抵抗，因為他們相信上帝會在此後為他們澄清，即使祂現在沒有即時介入。聖殿在公元六十六至七十年於叛亂被毀後，法利賽人成功將猶太信仰的中心由聖殿轉到家裏，由獻祭轉到羣體聚餐。這第一次表示女性可以在禮儀生活中扮演全面的角色。法利賽人成功形成定期潔淨、研究律法和共同進餐的宗教，一種很容易在地中海東部的基本希臘文化中進行的宗教。

法利賽人和初期的基督徒真的分道揚鑣，是在於基督徒對耶穌身為彌賽亞的理解。初期基督徒在希伯來聖經中一再找到經文，是他們認為毫不含糊地指向彌賽亞來臨的方式，正是耶穌成了肉身的方式（例如賽九章，五十三章；彌五章）。但法利賽人表示，以前從沒有人將這些經文理解為關於彌賽亞的。法利賽主義的核心是取得詮釋上帝的話的權威。初期基督徒用他們以耶穌為彌賽亞的新教義挑戰這權威，於是他們愈發被逐出會堂。霍華德—布魯克（Wes Howard-Brook）完美地解釋基督徒的挑戰：

> 對他們來說，成為選民之一不再是種族或遺傳的問題，而是關乎委身於相信彌賽亞耶穌和那信仰的公開和個人後果。
>
> 最終，這種自我理解引致法利賽人的挑戰逆轉。如果約翰的羣體〔約翰福音裏所寫的羣體〕因為宣告耶穌是彌賽亞而被逐出會堂，那些相信

> 耶穌的法利賽人必須**放棄他們法利賽人的身分**（約三 1～11，九 40～41，十二 42～43，十九 38～42）。約翰的羣體和主流猶太教之間最厲害的戰鬥，是針對那些承認耶穌來自上帝的權威，嘗試從猶太建制裏面成為信徒的法利賽人。對約翰羣體來説，「祕密的基督徒」是最難接受的。耶穌第一代的信徒愈經歷被其他猶太人拒絕的痛苦，便愈難以應付「祕密」信徒，這些信徒不會按他們的內心活出生命。[2]

人們可以靜靜地作基督徒嗎？人們可以日間作統治者，晚間作敬拜者嗎？耶穌受苦的故事裏提出兩個人物，他們正是嘗試這樣做：亞利馬太的約瑟和尼哥德慕。是時候看福音書的作者怎樣描述這兩個夜間活動的門徒了。

亞利馬太的約瑟

每卷福音書都描述耶穌被釘十字架和祂死時的一刻。馬太、馬可和路加都在關於耶穌的死的記述結束時，提到祂的女門徒到最後仍然忠誠。約翰按觀察斷定，耶穌死時的狀況很符合希伯來聖經的預期。然後，在這同一刻，每卷福音書都引入一個新人物——亞利馬太的約瑟，他上前帶走耶穌的身體。但福音書的作者對這個人物的評價卻有差別。

馬太福音

> 到了晚上，有一個財主，名叫約瑟，是亞利馬太來的，他也是耶穌的門徒。這人去見彼拉多，求耶穌的身體；彼拉多就吩咐給他。約瑟取了身體，用乾淨細麻布裹好，安放在自己的新墳墓裏，就是他鑿在磐石裏的。他又把大石頭滾到墓門口，就去了。（二十七 57～60）

馬太用短短四節經文告訴我們很多事情。約瑟是財主。馬太較早時曾記錄耶穌的話說：「駱駝穿過針的眼，比財主進上帝的國還容易呢！」（太十九 24）所以約瑟不大可能成為門徒。我們看過人們在羅馬人統治下變得富有的一些方法，很少方法是值得尊重的。但約瑟沒有以自己的財富來使自己免於危險，而是用它來實行門徒的犧牲。他冒險去見總督，要求領取耶穌的身體。他成了門徒，取代彼得、雅各和其餘門徒。施洗約翰的門徒預備好取走祂的身體，但耶穌的身體需要一個新形態，從陰影中出來。在埋葬耶穌時，約瑟做了馬太福音十九章 22 節那個富有的年青人沒有做的事：冒生命危險和施予給窮人。

約瑟和聖經中另外兩個傑出的約瑟一樣，是尊貴的人。拿撒勒的約瑟在耶穌成孕和出生時，做了合宜的事情；亞利馬太的約瑟在耶穌死時做了合宜的事情。兩人都令人記起埃及的約瑟，在創世記的故事中，這個人物的惡運成了上帝的護佑施行出來的機會，而他發現上帝的目的永遠不會受到妨礙，無論環境多麼不樂觀。好像埃及的約瑟，亞利馬太的約瑟沒有被強者的權力嚇怕。

在這裏，亞利馬太的約瑟做六件事情。他拿取、包裹、放置、鑿開、滾動和離去。這是簡單門徒身分的一課。馬太沒有告訴我們約瑟的動機或內心感受，無論是內疚或哀傷。我們只知道他是門徒，他富有，他有勇氣去見彼拉多，他做這六件事情。由於那次序始於「拿取」這個詞，我們不能不記起，耶穌和門徒吃最後晚餐時的四個動作——拿起來、祝福、擘開和遞給門徒（太二十六26）。如果耶穌顯示祂對門徒的要求多麼簡單，約瑟是第一個服從的門徒。

路加福音

> 有一個人名叫約瑟，是個議士，為人善良公義；眾人所謀所為，他並沒有附從。他本是猶太、亞利馬太城裏素常盼望上帝國的人。這人去見彼拉多，求耶穌的身體，就取下來，用細麻布裹好，安放在石頭鑿成的墳墓裏；那裏頭從來沒有葬過人。那日是預備日，安息日也快到了。（二十三50～54）

路加的記述承認約瑟是公會的成員，也就是定耶穌罪，將祂交給彼拉多處決的組織。但路加急於盡可能正面地描述約瑟。他是善良公義的人——守律法。他等候上帝的國——換句話說，法利賽人和撒都該人以相反的方式配合或至少遷就政治現況，但約瑟（好像路加的故事開始時聖殿中的西面一樣）渴望上帝的國來到，恢復祂與以色列的關係，轉化地上和天上的事務。當上一個見彼拉多的猶太人被送到十字架時，他有勇氣去見彼拉多。他有一個新掘的墳墓。除非他以喪葬為業，否則我們需要假設，他給耶穌的墳墓原本是留給自己的。他在安息日前不久觸摸屍體，預備了令自己不潔。他給那屍體尊嚴。他做的是一件好事。

記述中只有一件事令讀者感到奇怪。路加生動地描述耶穌在公會所接受的混亂審訊。他描述公會由祭司長和文士組成。他們提出兩個問題——「你是彌賽亞嗎？」和「你是否上帝的兒子？」——耶穌對兩個問題都給予語帶雙關的答案。公會成員不再要求有見證人，直接將祂帶到彼拉多那裏（二十二66～71）。沒有提到公會裏有甚麼不同意見。如果亞利馬太的約瑟真的相信耶穌，為甚麼在重要關頭他不說話？領取屍體是高貴的事情，但不是太微小，太遲了嗎？只在晚間才做門徒，白天沒有勇氣作門徒的人，究竟有甚麼用？

馬可福音

> 到了晚上，因為這是預備日，就是安息日的前一日，有亞利馬太的約瑟前來，他是尊貴的議士，也是等候上帝國的。他放膽進去見彼拉多，求耶

> 穌的身體；彼拉多詫異耶穌已經死了，便叫百夫長來，問他耶穌死了久不久。既從百夫長得知實情，就把耶穌的屍首賜給約瑟。約瑟買了細麻布，把耶穌取下來，用細麻布裹好，安放在磐石中鑿出來的墳墓裏，又滾過一塊石頭來擋住墓門。抹大拉的馬利亞和約西的母親馬利亞都看見安放他的地方。（十五 42～47）

馬可的記述和馬太及路加相似，但它提供兩個額外的詞語，令約瑟的角色更顯得好壞參半。第一個詞是「尊貴」：約瑟是公會尊貴的成員。這加深我們在路加福音的記述指出的問題。耶穌受審和被定罪時，約瑟不單**在場**；他更是**尊貴**的！不到二十四小時後，他便走出來埋葬耶穌的屍體。這是因為他是沉默的門徒——正如馬可在這裏記錄說，「等候上帝國」嗎？如果是的話，為甚麼在人們將耶穌定罪時他那麼順從？或許有更犬儒的解釋——約瑟是公會尊貴的成員，他上前令耶穌安全地避開公眾的眼目。他將大石滾到墳墓的入口，為了遵守猶太律法，他在安息日——在這事件開始時已明確提到，在耶穌的事奉中也經常引起爭議——前完成這些程序。

第二個模稜兩可的詞語是「放膽」。這只增強耶路撒冷領導層在耶穌死的過程中的羞辱。約瑟是公會尊貴的成員，但連他也要鼓起極大勇氣去接近羅馬總督，完成處置受處決的人的屍體這醜惡的工作。

將情況緩和的細節是，馬可福音的記述和其他記述不同，它在這裏重新引入百夫長。百夫長是執行死刑的人，耶穌死時，他宣告說耶穌真的是上帝的兒子（可十五39）。這樣做時，他認同馬可福音開頭的話——「上帝的兒子，耶穌基督福音⋯⋯」（一1）。因此百夫長和約瑟都是十分妥協的人物，他們在耶穌正式的門徒都不見了時，反諷地以言語和行為宣告福音。

約翰福音

> 這些事以後，有亞利馬太人約瑟，是耶穌的門徒，只因怕猶太人，就暗暗地作門徒。他來求彼拉多，要把耶穌的身體領去。彼拉多允准，他就把耶穌的身體領去了。又有尼哥德慕，就是先前夜裏去見耶穌的，帶著沒藥和沉香約有一百斤前來。他們就照猶太人殯葬的規矩，把耶穌的身體用細麻布加上香料裹好了。在耶穌釘十字架的地方有一個園子，園子裏有一座新墳墓，是從來沒有葬過人的。只因是猶太人的預備日，又因那墳墓近，他們就把耶穌安放在那裏。（十九38～42）

約翰對埋葬耶穌的記述包括兩個額外細節，進一步令事情複雜化。其中一個說耶穌是被加上一百斤沒藥和沉香下葬的。這個數量相當驚人。它將讀者帶回馬利亞在伯大尼的行動，她在那裏用了一磅真哪噠香膏來膏耶穌的腳，用自己的頭髮來擦。猶大說那香膏值三十兩銀子(約十二3～5)。如果馬利亞用一磅香膏膏耶穌已經受到那麼嚴厲的批評，我們對使用一百斤香料要怎樣做？那數量實在驚人。

這巨大的數量表示甚麼？這令人想起三件事，沒有一件事令人對埋葬耶穌的人特別有好印象。它可以表示，在定耶穌罪，祂因此被處決時，這兩個人順從其他人，但卻是「祕密的門徒」，他們以這樣壓倒性的姿態表示他們感到內疚，渴望補償。但我們很難明白，這麼大量的香料怎樣可以在那麼短時間內收集和運送——那段時間只有短短幾小時。那些香料會不會是預先購買和預備好的？是否有邪惡的含意，顯示那些埋葬耶穌的人已預期這個情況，確保預備好正確的配備？這兩個理論都有瑕疵。無論怎樣，這批大量香料告訴我們一件事：埋葬耶穌的人預期祂的身體會在那裏很長時間。這些人沒有對復活抱任何盼望。

除了香料的數量外，約翰的記述的驚人特點是，亞利馬太的約瑟不是惟一的祕密門徒。有另外一個人和他一起，那就是尼哥德慕。這個人在約翰福音前面出現過，不是一次，而是兩次。是時候獨立地注視這個人了。

尼哥德慕

約翰的福音並不如其他福音書一般，那麼細緻地區分在耶穌事奉時管理耶路撒冷的幾種人。或許是因為這卷福音書比其他福音書較遲寫成，那時面對羅馬統治，法利賽主義是猶太教的主要形式，約翰只視法利賽人為統治者。尼哥德慕是個法利賽人——因此是領袖。他在「晚間」來見耶穌。

> 有一個法利賽人，名叫尼哥德慕，是猶太人的官。這人夜裏來見耶穌，說：「拉比，我們知道你是由上帝那裏來作師傅的，因為你所行的神蹟，若沒有上帝同在，無人能行。」耶穌回答說：「我實實在在地告訴你：人若不重生，就不能見上帝的國。」尼哥德慕說：「人已經老了，如何能重生呢？豈能再進母腹生出來嗎？」耶穌說：「我實實在在地告訴你：人若不是從水和聖靈生的，就不能進上帝的國。從肉身生的，就是肉身；從靈生的，就是靈。我說『你們必須重生』，你不要以為希奇。風隨著意思吹，你聽見風的響聲，卻不曉得從哪裏來，往哪裏去；凡從聖靈生的，也是如此。」尼哥德慕問他說：「怎能有這事呢？」耶穌回答說：「你是以色列人的先生，還不明白這事嗎？我實實在在地告訴你：我們所說的是我們知道的；我們所見證的是我們見過的；你們卻不領受我們的見證。我對你們說地上的事，你們尚且不信；若說天上的事，如何能信呢？除了從天降下、仍舊在天的人子，沒有人升過天。摩西在曠

野怎樣舉蛇，人子也必照樣被舉起來，叫一切信他的都得永生。」（三 1～15）

尼哥德慕有兩次機會在世俗的尊重、影響力和權力，以及真門徒身分之間作選擇，這是第一次。事情開始得不大好。尼哥德慕是法利賽人，在曠野給施洗約翰艱難日子的黨派；他是公會的成員，因此在羅馬的掌握之中；他在晚間來到，換句話說，是以私人而不是公職身分而來。但他稱呼耶穌為「拉比」，因此他是暗示他可以成為門徒。

尼哥德慕不大能夠下決心思考他的門徒身分，但他繼續談及「我們」——「我們知道你是……作師傅的。」約翰在二章 23 節指出，「有許多人看見他所行的神蹟，就信了他的名」；在這裏，尼哥德慕提出自己可能是其中一個這樣的人。但耶穌說門徒身分不是關乎神蹟的。它是關乎在上帝的統治和現時的政權之間作選擇。那不單是外在的事情。你需要重生。耶穌加上「水和聖靈」這幾個字時，祂明顯是談及洗禮。而且不是靜靜、作為私人儀式的洗禮，而是作為見證的公開行動的洗禮。

尼哥德慕選擇拖延的策略：他提出一個問題，關於人的出生和傳統的更新。但耶穌說那歸結為在肉體和聖靈之間作選擇。前者是尼哥德慕現時對權力、財富和聲望的委身；後者是耶穌提供的生命。但你不能在「夜間」靜靜地得到後者。你不能控制它——它隨自己的意思吹。尼哥德慕面對一個事實：如果他跟隨耶穌，他的生命會不由他控制。他會令他努力得到的一切，包括財富、權威和影響力，都有失去的危險。這是不能考慮的。那就好像老人重新進入母親的子宮那樣荒謬。尼哥德慕是「以色列人的先生」，但他面對這個拉比卻無言以對。

但在故事稍後，我們有機會發現，他與耶穌的相遇，是否徹底模塑了他。約翰福音七章以住棚節為背景。在節期過了一半時，耶穌在聖殿的院子出現，引起混亂。法利賽人面對嘲笑，指他們沒有行動是表示他們對耶穌的信仰，他們派一隊聖殿差役去拘捕祂。差役空手而回，正如這段經文解釋：

> 差役回到祭司長和法利賽人那裏。他們對差役說：「你們為甚麼沒有帶他來呢？」差役回答說：「從來沒有像他這樣說話的！」法利賽人說：「你們也受了迷惑嗎？官長或是法利賽人豈有信他的呢？但這些不明白律法的百姓是被咒詛的！」內中有尼哥德慕，就是從前去見耶穌的，對他們說：「不先聽本人的口供，不知道他所做的事，難道我們的律法還定他的罪嗎？」他們回答說：「你也是出於加利利嗎？你且去查考，就可知道加利利沒有出過先知。」（七 45～52）

在這段經文裏，差役扮演的角色有點像馬可和馬太記述的釘十字架事件中的那個百夫長。他們不能自制地見證了基督的真理。他們的主意改變，引致法利賽人發出那有力的問題：「官長或是法利賽人豈有信他的呢？」表面看來，它好像一個反詰問題，答案是：「當然沒有。」但原來尼哥德慕在那裏。預示他在耶穌受審和被定罪中扮演的角色，法利賽人決定派聖殿的差役去拘捕耶穌時，尼哥德慕一定在場；但他似乎甚麼話也沒有說。現在他說話了，或許稍為遲了一點，但卻是切中要害的：「不先聽本人的口供，不知道他所做的事，難道我們的律法還定他的罪嗎？」正如他稍後在故事中那樣，尼哥德慕在錯誤的時間做正確的事情。耶穌死時，尼哥德慕以耶穌所配得的那裏埋葬祂，但卻沒有合時地為公義發言。在這裏，他提出有點遲疑的公義，但卻沒有為合法的程序提出辯解。這兩次，他都沒有表明自己是個公開的門徒。

霍華德—布魯克對尼哥德慕在這時的行為，提供有用的描述。

> 他的問題假設以色列……建基於其上的法律系統基本上是有效的。他表示，如果恰當運用「我們的律法」，我們會讓這個缺席的受指控者有完全的權利去與指控祂的人對質，為自己作證，解釋祂的動機等等……。很多很多懷著好意但天真的抗議者都身處美國的法庭，只希望他們的「權利」得到尊重，公義會彰顯。我自己也曾經是這樣的人，在一九六〇年代的傳統下成長，期望如

> 果「好人」居於司法和立法團體的位上，美國的憲法會容許對所有人都公義的政策發展。因此，我們作為一個國家，通過民權法例，保護有色人種、婦女、青少年、長者和其他被邊緣化的人，為他們提供平等機會。不過，由於法律下保證平等權利的「自由」路線，其後幾十年的經驗令這謊話改變……
>
> 尼哥德慕希望他稱為「我們的」珍貴和可愛律法，足以在沒有他個人的見證下證明耶穌無辜。但事實並非這樣。[3]

法利賽人對尼哥德慕說：「你也是出於加利利嗎？」在三個意義上，這是條諷刺的問題。第一是法利賽人指加利利人是粗野、不識字的北方人。他們沒有想到尼哥德慕會是加利利人，所以他毋須回答。第二是現在他們問尼哥德慕這個問題。尼哥德慕與耶穌一起時，是他自己扮演問問題這個更舒服的角色。第三是這個問題預示耶穌受審時——尼哥德慕在場下——彼得在大祭司的家的院子被問及的問題。彼得否認了。尼哥德慕只是保持沉默。兩個人都出賣了耶穌。

因此，尼哥德慕這個只在約翰福音出現的人物，和亞利馬太的約瑟十分相似。對門徒身分能否與財富、聲望和權力並存，他們一起代表四福音裏的模稜兩可。這些人對福音的故事可以作出重要的貢獻，正好在普通門徒不可見時變得可見。但他們似乎只在晚間出現，在他們的「工作」、他們的公共身分完結後。他們個人可能有信心，但除了他們在受苦節晚上的行動外，我們不清楚他們的個人信心怎樣在公共方面帶來分別。問題仍然是：我們可以「在晚間」作基督徒嗎？

「晚間」的基督教？

我們在第一章看到，耶穌因為揚言比羅馬更有權力而被處死。耶穌並沒有放棄權力。祂代表一種不同的權力，與彼拉多能夠明白的權力不同。祂的權力是在創造的核心、歷史的軸心、宇宙的本質。第二章是關於巴拉巴，顯示耶穌的權力不在於運用暴力。耶穌摒棄暴力，因為祂有權力。不使用戰爭的武器，不是因為它們力量太大，而是因為它們太不夠力量；不是因為它們帶來太多改變，而是因為它們帶來的改變太少。但耶穌期望跟隨者委身，與奮銳黨期望他們跟隨者的同樣多。那些想成為祂跟隨者的人，必須捨己，背起十字架來跟隨祂。

這第三章是關於亞利馬太的約瑟和尼哥德慕，這章觀察兩個落在彼拉多的權力和巴拉巴的激情之間的人物。一方面，他們很想維持自己的財富、影響力和社會地位——這一切都得歸功於羅馬總督維持的政治控制。另一方面，他們受到這個來自拿撒勒的人物吸引，活在這個加利利人的影響下。約翰福音七章裏尼哥德慕在住棚節中的沉默，生動地描寫出他們害怕與那羣烏合之眾最後同一命運。因此他們無力，在耶穌的受苦中不能扮演任何積極角色，事實上在耶穌被定罪和處死時，他們身為公會成員，成了同謀。只是在耶穌死後，他們才出現，再次是在晚間，實行高尚的服事。這是一種怎樣的門徒？

這種門徒，這本書的每個讀者都會十分熟悉。讓我提供四個例子。在現代的專業文化中，基督教並不特別受到尊重。人們普遍假設，基督教是反智的，意思是相信它的人似乎對科學和歷史的發現無動於中，因此不根據專業「規則」行事。而且，基督徒被視為抱持保守的道德觀點，就是被假設會公然對抗當代對身分和自我表達的多樣化和多元化的投入。專業強調擔當合適的角色的能力，要求人們將自己的個人喜好和假設放在一旁；商業裏要求每次談話最終回到利潤和虧損的底線。最糟糕的是，基督教仍然被視為持守一種制度或等同的文化角色，因而帶權力將自己的觀點強加給別人的，令它與主流文化裏渴望脱離蒙昧主義的束縛產生衝突。當幾乎所有產品——汽車、人壽保險，甚至衞生設備——都以給人自由來推銷、吸引別人時，基督教一定被描述為荒謬地為人設限制的。即使對基督教的這些和類似描述有時得不到證明，或甚至顯得可笑，在商業或專業的文化中作基督徒，有時需要鼓起勇氣和厚臉皮。

那麼應該怎樣做？可以理解的是，有些人會感到需要在晚間作基督徒。在日間作基督徒表示被視為恐龍——危險又笨重，十分愚蠢，而且是過去的事物。要避免這種稱號——以及它很可能對個人的事業帶來的停滯——我們可能限制自己的門徒身分，在黑暗中那慷慨卻沉靜的姿態中：或許給獎學金予海外的專業學生（professional students），或者悄悄在公司唱聖誕歌時出現。但對於專業生命的核心，所探討的是那專業究竟有沒有良心，還是它只如投幣購物機一般，應付有錢取得技巧和服務的人。大部分商業或專業都至少提供一些機會，供人參與真正的策略討論——基督徒可以利用這些機會驅除一個觀念：認為肯定基督徒身分就表示壓抑或壓迫其他身分。有時在機構中有些影響力的人（不單以高位，也以他們工作的質素取得）有機會高聲懷疑，權力本身是目的，還是應該使用權力給人們自由——藉著給他們像樣的工資，或者留意他們的工作環境，或者幫助他們的教育或個人發展，或者鼓勵他們面對生命和信仰的大問題。

身為基督徒的商業或專業人士，如果不視基督教為一套觀念，而是開始描述它為一套實踐（禱告、讀經、洗禮、聖餐、和好、洗腳、探望病人等等），由忠心的羣體實行時，便是日間的基督徒。這些基督教實踐應該是商業或專業的挑戰，去評估它本身有沒有忠心的實踐，而這些實踐是否好像基督教的實踐一樣，產生真理、紀律、智慧和榮耀。如果沒有的話，便是時候為此而努力了。

用另外一個例子，基督徒牧者、神職人員或牧師也可能會發覺自己成為晚間的基督徒。雖然他們生活在其中的世界很大程度和商業或專業世界相似，因此在這裏基督教也有變成不可見的危險，但這個世界也有十分不同的地方。在鄉間的社區，神職人員一般是受歡迎的人物，當可持續的共同生活意識不斷受到威脅時，他們支持著社區。在混亂的社區裏，包括一些市中心和市郊住宅區或住屋計劃，牧者有時是「穿套裝者」和「街上居民」之間的公正的調解者，能夠説兩種語言，即使不是所有人，也得到大部分人的信任。在傳統的社區，每年的節日週期受重視，不單因為懷舊，也因為是肯定家庭、友誼、團契和信仰的機會，而於教會在教育上的角色被視為資產而不是威脅之處，牧者可以提倡歡慶的機會。而在權力的走廊中，在道德上認真之處有時是個急症室，應付緊急事件或野心、大眾中修編的事或個人的妥協，可以在盛大的宴會謝飯的高尚神職人員，可能也會在男衣帽間留下來聽別人認罪。

在「晚間」需要這些確立已久作基督門徒的形式，有甚麼意義？經歷過所有這些事奉的形式後，我知道藉著免去個人的身分而維持個人的存在——換句話説，要滿面笑容和正面，而又不嚴肅講述耶穌的出生、死亡和復活的故事，祂呼召人們過犧牲的門徒生活，或祂差派加力的聖靈——有多大壓力。在很多這樣的處境下，要承認對很多人來説生命是多大的掙扎，因而不去介紹基督的消息，因為這樣會令一些人不好受，是有壓力的。我記得在一個管理委員會上，一個同事要求我開會時不要穿牧師袍。我在其後幾個月研究，為甚麼她和其他人對我以神職人員身分出席感到不自在。我得到的結論是，很多、或許是大部分同事都不想委員會裏有神職人員；他們願意容忍我存在，因為他們認識我，當我是朋友，但他們不想教會以任何重要的方式參與。這個發現令我決定，為了讓我說我的羣體需要我作為神職人員——而不是社會工作者——我需要離開委員會。我被迫要成為晚間的基督徒。

去到第三個例子，或許在今天的社會中，因身為基督徒而最有可能被「逐出」的艱難地方，就是學校。成年人討論或爭論關於超越或道德的宣稱時，可以訴諸某些履歷：「這是我做過的，這是我學過的，這些是我認為顯而易見的真理。」青少年可以訴諸的紀錄卻沒有多少。他們當然可以訴諸兄姊、父母或教師的智慧，但在那刻的張力和同輩壓力的強度下，很少東西可以取代個人的沉著和堅固的友誼。中學生可能成為晚間基督徒，在聖灰星期三崇拜後遲到靜靜走進課室，由於渴望在週末參加青少年聚會而靜靜從課室提早離開。這些學生可能好像尼哥德慕一樣，害怕那個尖銳的問題：「你也是出於加利利嗎？」他們的財富（按本身的狀況）可能不會有風險，但他們的聲望和影響力，他們吸引異性注視的能力，以及他們融入羣眾中的能力，可能受損。如果有些、或許很多人選定在害怕虛偽的世界中成為不只是晚間的基督徒——換言之不然就不做基督徒——作為惟一保持正直的方法，也不會令人驚訝。

第四個例子是每個基督徒都一定知道的。那是在自己的家裏作基督徒。當一個人在日間作門徒，或許要他成為晚間的基督徒就更難了。在街上嚴厲抗議的人，在自己的孩子面前不願意表現得愛判斷。最偉大的講員也害怕在家人面前顯得虔誠。有時最有憐憫之心的牧師在晚間會成了冷酷或甚至殘暴的同伴，這是令人可惜的。這不單是自然的節制或道德上的不一致。如果一個人的家人都信奉另一個宗教，而這個人成了基督徒又怎樣呢？當「爸爸會殺死我」不單是比喻時，又怎樣呢？周圍的人都和自己的思想一樣的那些人，在判斷那些要每天冒著危險成為基督徒的人，正如亞利馬太的約瑟和尼哥德慕時，必須謹慎。

耶穌講述第三個僕人將金錢埋在地裏的故事（太二十五 18）時，心裏可能想到約瑟和尼哥德慕。對他們來說，相信基督不是關乎轉化身分——洗禮——而是他們可以選擇接受或放下的一項特質。身為政治人物，他們很大程度上是不可見的，因為主要的辯論進行時，他們在場，但——至多也是——保持沉默。身為宗教人物，他們在普通的門徒消失的重要時刻——耶穌被埋葬時——變得可見。他們是著名的宗教人物，但他們揭露了那些已參與政治但選擇偏狹地相信宗教的人的政治。表現對耶穌屍體的尊敬，是一種政治。不過更仔細地研究，判耶穌死刑的，是一種政治。

供個人或小組思想的機會

我想，基督徒所做的最簡單事情是甚麼。

我想，愛著一個正要被殺但卻甚麼也不說的人，會是怎樣的。

我想，在委員會或理事會上，發覺其他人正計劃一些可怕的事情時，會是怎樣的。

我想，有人看著你說「你也是他們的一分子嗎？」，會是怎樣的。

我想，如果「好人」進佔政府和司法機構的所有職位，會是怎樣的。

我想，感到你個人的信仰在公共方面不會帶來甚麼分別，會是怎樣的。

我想，在商業或工廠中作基督徒是怎樣的。

我想，發覺人們知道你是基督徒後鄙視你，會是怎樣的。

我想，與家人談論自己的信仰是怎樣的。

我想，我們說信仰是私人事情時，我們是在保護誰。

光明和真理的上帝，
祢兒子被遺棄的身體
由模糊的手埋葬，
我們為那些掙扎著要看見
他們個人的信仰怎樣在公共方面帶來分別的人祈求：
在商業、工廠或學校裏害怕「你也是出於加利利嗎？」
這個問題的人，我們將他們帶到祢面前；
我們為那些發覺自己對被接納的需要
妨礙了見證祢和祢的國的呼召的人祈求；

我們為那些效忠祢的名
在面對危險時需保持祕密的人祈求。

求祢給我們恩典跟隨簡單行動的那種邏輯，
好像拿起、包裹、放置、鑿開、滾動和離去，
或者拿起來、祝福、擘開和遞出去。
幫助我們持守作門徒的簡樸，
以致我們進入試探和恐懼的長夜時，
可以在純真和忠實中行走，
講出真理、喜愛憐憫，聆聽祢的聲音，
在早上發覺我們已謙卑地
與祢的兒子，我們的上帝同行。阿們。

4.

彼拉多太太

彼拉多太太

受苦敘事裏有很多小角色扮演跑龍套，例如背負耶穌的十字架的古利奈人西門，赤身逃跑的青年人，被釘在耶穌兩旁，分別責罵祂和尊崇祂的兩個強盜。這些人物中，其中最令人著迷的是彼拉多的妻子。在聖經中，她只在一節經文裏出現，但那節經文卻充滿回響。

彼拉多正坐堂的時候，他的夫人打發人來說：「這義人的事，你一點不可管，因為我今天在夢中為他受了許多的苦。」（太二十七19）

由於這個故事告訴我們關於彼拉多太太的事情，比本書其他人物的事情少得多，這一章的模式會與其他幾章不同，但仍然會集中在從福音書告訴我們關於她的事情裏所表現的政治。有成果的猜測和無用的猜測之間，是有分別的。我會選取對彼拉多家庭生活的了解所引發的四個主題。

夢

彼拉多太太不單是個做夢的人，她也在夢中受很多苦。她的夢的重要性有四個方面：它在故事中的角色，它與馬太福音其他夢的關係，它與聖經中其他夢的關係，以及在關於權力和無權力的問題，它如何為夢定位。

關於耶穌受審和被釘十字架這個緊湊的故事，在促成耶穌被處死的一連串令人喘不過氣來的事件中，彼拉多太太的消息製造一個戲劇性的停頓。古代世界其中一個十分著名的故事，是凱撒大帝（Julius Caesar）死在他信任的朋友布魯圖（Brutus）手下，以及在凱撒的死的著名描述裏，他太太在前一晚做了一個預言性的夢。這將耶穌的死置於一個可找到的、最大同時代背景中。彼拉多太太的夢為幾節經文後彼拉多於故事較後時洗手，提供了背景。她說：「你不要與這個人有甚麼轇轕。」正如我們在第一章看到，彼拉多試圖令人認為他在流耶穌的血這件事上是無辜的。

聖奧古斯丁（Saint Augustine）視彼拉多的妻子為夏娃的對比：夏娃慫恿她丈夫作出引致死亡的選擇；彼拉多太太請求她丈夫作出會帶來生命的選擇。舊約裏另外兩個已婚婦人對彼拉多太太的描述可能有影響。波提乏的妻子是不太正面的人物，她試圖利用自己的地位——身為有影響力的男人的配偶——從一個奴隸那裏得到性方面的好處。那個奴隸約瑟，在創世記的故事中於很多方面都是好像基督一般的人物，他面對奸詐時表現出堪作模範的尊嚴。另一個舊約人物是哈曼的妻子，她在以斯帖記中出現。她名叫細利斯。哈曼是波斯亞哈隨魯王政府的高級官員，但無論他多麼成功，他一直都感到不安，因為他與他的猶太籍對手末底改敵對。細利斯建議他豎立一個木架，請求王將末底改掛在上面（斯五 14；事實是哈曼自己死在用來對付末底改的木架上）。正如與凱撒妻子的夢的相似之處將耶穌的受審置於一個大背景中，彼拉多太太與夏娃、波提乏太太和細利斯的對比，指向耶穌的獨特重要性，似乎即使有潛在敵意的外邦人也不會看不見。

彼拉多太太的夢的重要性，第二方面在於它與馬太福音中其他夢的關係。這些夢共有五個，全都是出生敘事的一部分。除了一個外，其餘的夢都與約瑟有關。約瑟在夢中獲告知，馬利亞的兒子由聖靈感孕，要給祂起名耶穌（太一 20～21）；希律想殺死孩子，約瑟得到警告，要帶家人逃到埃及（太二 13）；希律死後，約瑟得到指示回以色列（太二 19～20）；他得到警告，希律的兒子亞基老統治猶太，於是他安頓在加利利的拿撒勒（太二 22～23）。在第一個夢和最後三個夢之間，還有另一個夢。這次是博士做的夢，警告他們不要回到希律那裏，因此他們離開伯利恆，直接回到自己的國家，沒有回去耶路撒冷（太二 12）。毫無疑問的是，在這些夢中，上帝直接和做夢的人溝通。沒有含糊之處。這些夢毋須解釋。因此，我們假設彼拉多太太的夢也是同一種。

重要的是，彼拉多太太和博士都是外邦人。這些沒有猶太聖經作為遵行上帝道路的日常指引的人，上帝直接與他們溝通。在第一個故事裏，博士是外邦人，但卻專心聆聽以色列的上帝，他們與耶路撒冷的領袖形成強烈的對比；這些領袖雖然是猶太人，卻渴望消滅上帝惟一的兒子。在第二個故事裏，類似的耶路撒冷人物再出現，同樣想耶穌死，他們與彼拉多太太形成對比，她也是外邦人，不單看到耶穌（在祂可能很少接觸的事情上）的公義，而且也根據那啟示，以敍事中很少人物採用的方式行動。如果彼拉多太太對啟示的洞見和開放，回顧在福音書開頭的外邦博士，它們也會前瞻耶穌由被判刑到死亡的時刻，有百夫長，另一個外邦人，宣告祂真的是上帝的兒子（太二十七 54）。對於即使稍為認識耶穌的外邦人，祂的公義也是明顯可見的，但耶路撒冷那些有權威的人卻看不見——或視而不見。

第三方面是彼拉多太太的夢與聖經裏所有夢的關係。舊約中大致有兩種夢。有些是信息的夢，在其中上帝向做夢的人顯現，傳達一個信息。例如：雅各夢見一條梯，天使登上天上，也從天上下來（創二十八 12～15）；接著上帝告訴他：「我要將你現在所躺臥之地賜給你和你的後裔……地上萬族必因你和你的後裔得福。」（二十八 13～14）也有象徵性的夢，在其中上帝沒有出現，但做夢的人看見一些意象，一般來說都是需要解釋的（最著名的是在創世記四十一章 1 至 7 節，法老夢見七隻肥牛和七隻瘦牛，以及七個健康穗子和七個弱穗）。關於第一種，信息的夢，大致有三類：談及上帝給祂揀選的僕人和他們的後代的應許，在神聖的地方所得到的夢，和警告的夢。

有趣的是，警告的夢只給外邦人。上帝在基拉耳王亞比米勒佔有亞伯拉罕妻子撒拉後，向他顯現說：「你是個死人哪！因為你取了那女人來；她原是別人的妻子。」亞比米勒抗議說，亞伯拉罕說撒拉是他妹妹。上帝說：「所以我不容你沾著她。現在你把這人的妻子歸還他；因為他是先知，他要為你禱告，使你存活。你若不歸還他，你當知道，你和你所有的人都必要死。」(創二十1～7)後來上帝向拉班顯現。雅各帶著他兩個妻子，拉班的女兒拉結和利亞逃走。拉班追趕他。但上帝對拉班說：「你要小心，不可與雅各說好說歹。」(創三十一24)彼拉多太太的夢似乎是另一個這類的夢。它臨到外邦人那裏，因此肯定上帝在萬民中的目的。對一個可能為犯錯的人帶來大災難的行動，它發出警告。它也指出上帝揀選的器皿——無論是亞伯拉罕、雅各或在這裏的耶穌——他們是故事主要關注的人。彼拉多太太可能只是次要的人物，但她在一個悠久的傳統中接受自己的位置。

彼拉多太太的夢的第四方面，與這本書的主題關係最密切。關於權力和無權力，夢扮演重要的角色。約瑟和但以理兩個人與受苦敍事中所描述的耶穌，都有重要的相似之處。約瑟有一個夢，令他不受歡迎。好像耶穌一樣，那些接近約瑟的人，那些大家可能期望會珍惜他的人，實際上卻合謀對付他。以色列下到埃及和上去應許地的旅程，預期耶穌下到死亡和墳墓，然後上升到復活和新的生命。約瑟被哥哥拋進的坑（創三十七24），和波斯帝國的總長、長官、總督（satraps）、謀士和巡撫（governors）將但以理拋進去的獅子坑（但六16），兩者都與耶穌的墳墓屬同「類別」。約瑟和但以理從下面上來時，顯示上帝有能力甚至從最壞的邪惡中帶來好事。在這個意義上，約瑟和但以理都是死而復活的。

約瑟和但以理明白夢的能力。聖經的夢是上帝的將來介入現時不利的環境。它們令驕傲的人不安——例如約瑟故事中的法老，但以理故事中的尼布革尼撒，和馬太福音中的彼拉多。它們為上帝所揀選的人作證——亞伯拉罕、雅各、耶穌。它們甚至讓外邦人參與發現上帝奇怪卻堅定的護佑——亞比米勒、拉班、彼拉多太太。但它們沒有強迫、消滅或操縱。它們只是將天地之間的幔子拉開，揭示上帝的目的，和上帝的目的在祂百姓生命中成形的神祕方式。對有權力的人來説，夢是可怕的；但對無權力的人來説，夢是與真正權力所在接觸的地方。

很多人覺得夢這個主題令人尷尬。自從弗洛依德（Freud）開始，夢便聯繫到潛意識、升華了的慾望，並特別與壓抑了的性衝動有關。但舊約和新約的故事並沒有假設夢主要是與我們有關的。它們假設夢主要是關於上帝的。在夢中，透過明確的信息或引人入勝的象徵，人們察覺到上帝怎樣以驚人的方式令祂的故事繼續發展。對那些似乎失去一切的人——好像約瑟，和那些本來沒有特別理由發現亞伯拉罕的上帝的人——好像博士，夢特別重要。在逆境或興盛會用不同方式令我們看不見上帝的工作時，它們是祂與我們溝通的方式。它們是將上帝的能力注入我們人類的激情的方法。

總督的妻子

馬太福音那節經文，是古典文獻中惟一提到彼拉多太太的地方。本丟·彼拉多與耶穌相遇的前後，有好些地方提到他，但卻沒有其他關於他妻子的話。我們甚至不知道她有沒有陪他到猶太；丈夫擔任這種職務，妻子陪同並不常見，但如果她沒有陪彼拉多到猶太，馬太的記述便不太合乎情理，因為一個信息要幾個星期才能由羅馬送到耶路撒冷。

因此，猜測彼拉多太太的性格和政治上的重要性，是關乎想像多於研究的事。但這仍然是寶貴的。有四個場景可能刺激我們，想像總督的妻子的權力和無權力。

克勞迪亞（Claudia）是十分聰明、機靈的人，她很早便知道，惟一取得權力和影響力的方法是依附一個向上爬的男人。她喜愛自己的丈夫，但他們兩人都知道，身為家裏的女神，並不能滿足她的心。在早年，她幫助丈夫寫一些演詞和預備他事業中一些重大的辯論。但他找到更多職員和奉迎者去做這些事時，克勞迪亞在他生命中所發揮的作用便減少。很多人期望她扮演完美的女主人，但在不計其數的接待中與人閒談的需要，令她感到疲累。她知道，她在很多方面都令丈夫感到渺小；雖然他成功，但他們兩人都知道，一切運作的真正策劃者是她。她懷疑丈夫甚想從在智力和情感上都不會質疑他的女人的臂彎中得到安慰。她沒有任何幻想，以為如果她追求另一段這樣的關係，會令自己快樂；在她對智力挑戰和發現的渴望下面，有很深的責任感和榮耀感，以及對羅馬的尊嚴的持續信念。她不再就政策問題給丈夫提建議，但有一個夢令她十分不安。與丈夫親密的溝通會令他再次感到她關心他的成功，而且她沒有暗地裏鄙視他，這是她其中一點希望。但她懷疑他會否留意；他的顧問會負責這問題。

朱莉亞（Julia）是高貴的婦女，她在早年已經習慣自己的外表對男人的力量，以致利用自己的力量找到最著名的丈夫也顯得很自然。她並非沒有技巧或手藝，也顯明了自己是七個孩子的熟練母親。她開始想，到了她迷人的外表不再能夠為她帶來所追求的報酬時，她需要培養甚麼社交技巧。雖然她與丈夫維持有禮的關係，她真正的精力卻花在與羅馬一些渴求社交的社會女性的熱熾友誼上。她享受擁有有權力的丈夫帶來的一切好處，而又毋須花太多時間與他一起；他的工作能夠賺錢，她也很能夠花錢。不過，出於好奇，她決定到猶太，看一看這片佔據她丈夫全部注意力的土地。在這個奇怪的省份時，她聽到關於一個來自拿撒勒的先知的故事。有一次，她在耶路撒冷行走時，看見那個先知，當祂轉過身來對著她，祂的凝視把她看穿。她不能忘記這凝視。她開始問自己問題：她是誰，祂又是誰。她做了一個關於祂的深刻的夢，關於祂會怎樣回來審判羅馬人的壓迫。接著她醒來，發覺祂被拘捕。她很驚慌。她派人帶一個消息給她丈夫，請求他認真看待這個人；但她知道，他不會明白那信息，因為它和她以前給他的信息十分不同。

麗迪亞(Lydia)是個溫柔、小心的人，她十分愛她的丈夫。當一個明顯註定要擔任公職的年青人追求她，向她求婚時，她感到十分高興。她從沒有在他的公開生活中試圖擔任任何角色，但她已習慣他與她談論他關心的事。她知道其他人視她為有權勢的人，因為她嫁了給一個省的總督。但她只看到她丈夫控制那個不守法的省是多麼困難，而「羅馬的和平」帶給猶太的真和平是多麼少。她總是試圖為自己、丈夫和家人維持嚴格的道德標準，但她丈夫面對的挑戰，是她那主要照顧家庭的想像力所想像不到的。她視丈夫為他那個省的父親，但她發覺很少公眾視自己為他的孩子。她渴望丈夫成為成功的總督，他被迫採取強硬手段以維持省的秩序時，她畏縮。她留意到有好些所謂先知，他們成了人們的熱望的焦點，她發覺其中一個先知似乎令耶路撒冷當局產生敵意，多於令她丈夫不安。有一晚，她做了一個夢，第一次令她從被統治的猶太人的角度看事情。她看見這個善良和公義的人為祂的同胞表達高尚的一切，她看見祂被折磨和處決。她相信羅馬帝國所代表的一切：公義、和平和尊嚴，都遭這處決破壞。她醒來時發覺事情確實是這樣，於是派人送一個信息給丈夫，求他為了羅馬的榮耀放過這個人。她第一次懷疑自己被羅馬的榮耀和她丈夫的角色所騙，她開始感到那是一個偽裝。

西爾維亞（Sylvia）是慷慨但害羞的人，很年青時便結了婚，除了是她頗為年老的丈夫的妻子外，她從沒有機會認識自己是誰。她一直都十分忠心地遵守關於羅馬諸神方面的宗教責任。她丈夫經常長時間外出，而且即使他在家，他往往在感情上與她疏離，所以西爾維亞學懂培養自己的屬靈資源。丈夫是那麼重要的人物，對你遇到的很多人，他都操有生殺大權，令你很難與別人建立友誼，因此西爾維亞在默觀和默想中探索自己靈魂的內心世界。她花一段長時間在猶太時，聽聞有一個來自拿撒勒的先知，也聽到一個百夫長的僕人被耶穌醫好。她祕密地會見耶穌，發覺祂這個人結合生活方式和生命——她透過默想嘗試找到的內在醫治，和她透過傳統的羅馬神祇尋找的外在真理。她被轉化，甚至連她丈夫也留意到。對於自己歸信，她保持祕密，並將她丈夫從稅收和敲詐得到的大量財產中所交給她的大量津貼，設法用來在財政上支持門徒。她聽到耶穌身處極大危險，感到很沮喪。她的外在生命支持羅馬壓迫這個省，她的內在生命是這個加利利人的忠誠追隨者，這迫使她面對兩者之間的衝突。祂被捕後，因為祂所受的苦和她自己的沮喪，她痛苦地輾轉反側。最後她決定將自己的故事告訴丈夫，求他拯救這個人，她相信不單自己的命運倚靠祂，丈夫的命運也倚靠祂。

我希望這些想像的重構和這本書整體都清楚表明，認為一個人要不是有權，便是無權，這是過分簡單化。檢視這兩個稱號怎樣使用會更有果效。

彼拉多太太在好些方面是有權的。首先，她能夠做夢和記得自己的夢。正如我們看見，聖經中的夢往往是上帝的將來介入敍事的方式。做夢，因此是個人開始察覺到上帝的將來。相對於上帝的護佑，上帝從邪惡中帶出善，從釘十字架帶出復活的方法，宇宙裏沒有力量可相比，因此做夢的能力或許是彼拉多太太最大的能力。

第二，她有性方面的權力——藉著引發吸引力、慾望、妒忌和愛，且忽略、鼓勵、取笑這些感受或拒絕它們，而有能力改變事情的進展。當然，男人有類似的權力，但我們在這裏是談及一個女性，在她的世界中，很多開放予男人的機會都拒絕給她機會。低估向丈夫說「我夢見另一個男人」的威力，這是不智的。我們毋須成為弗洛依德也能夠明白，夢某程度上與未實現的慾望有關。至少如果彼拉多太太說她夢見耶穌，表示耶穌引起她的想像力，以致她對耶穌著迷。這是否性方法的著迷，相對來說並不重要。很多、或許大部分已婚男性會寧願他們的妻子只為他們著迷。很多、或許大部分留意到自己妻子在外表或性格上吸引人的男性，都留意到這些質素會令他們的妻子吸引其他男性。這可以引致他們對自己的「獎品」或「財產」感到自豪和自滿，也可以令他們在面對敵人時因為自己的脆弱而深深感到焦慮和不安。在危險或不恰當的時刻發出的祕密信息，甚能夠引發玩樂或不正當關係的興奮——想一想，電郵和短訊今天怎樣模塑浪漫關係的步伐。那麼，彼拉多坐在審判官席上時，收到信息說他妻子受到一個將會被判死刑的男人吸引，會多麼具挑釁性？想像一下彼拉多的反諷，在耶穌的受審中他被視為權力的焦點，他妻子那簡單但神祕的提示，顯示她對那加利利人的光彩著迷，卻操縱著他。作領導的公眾人物被發現過去曾發生複雜或影響名聲的性行為時，一個人可以給予溫文或憤世嫉俗的回應：認為權力被誤用，或性慾獲勝利，或自私奸詐遭揭露。但更仁慈的視角是指出，即使是取得廣泛影響力、權威及尊重的男性，仍然需要找方法解決他們慾望的各個方面，處理他們一切深層的不安，並對付他們自己的妒忌和敵意——有些人應付這些事情比其他人更成功。無論那追求多麼錯誤，很多不忠行為都是出於一種不安的尋索，尋索肯定和保障，很少是為要追求狂喜或征服。彼拉得知他妻子心目中不止他一個男人時，他會怎樣回應？那是一次充滿刺激的揭露。

第三，「無辜」——往往翻譯為「公義」——這個詞有它的權力。正如我在第一章指出，傳統將本丟·彼拉多描述為有良心、公正的調解者，被一羣魯莽的狂熱分子包圍，這是不可信的。彼拉多自己有重要的利益，全都指向將耶穌處死。只有一個例外。正如我們同樣在第一章指出的，在羅馬重要的不單是權力和財富，也包括聲望。聲望包括例如榮耀和尊嚴這些事情。為了自己的利益維持權力，因而維持財富，去殺死一個十分好的人，不是可取的行動。那些犧牲道德上的優勢的人，通常都找方法將它取回。彼拉多太太一旦談及耶穌是無辜、公義的人，便是刺中她丈夫的後腰。他公開洗手並不令人驚訝。他極力嘗試說服別人 —— 特別是他的妻子 —— 他是正直地行動的。

第四，且最明顯的是，彼拉多太太可以享用大量的財富和影響力。她可能是其中一個祕密支持耶穌的婦人，這個想法純屬猜測 —— 但她可以享用讓她這樣做的資金，這卻不是猜測。今天，有財富和權力的人往往受到透明度的要求、審計追蹤遺產和利益衝突的嫌疑所限制。妻子或丈夫可以享用這樣多的資金，會被視為不專業，或許甚至是有罪。但羅馬人沒有這些限制。成為總督是通向權力和財富的途徑，因為它給人很多方法賺錢和互惠互利。彼拉多太太可以享用她可能想得到的大量金錢，如果她好像希羅底一樣要求「施洗約翰的頭」(可六 24)，她很可能不用利用充滿魅力的女兒去跳舞，就能夠取得自己想要的東西。

不過，雖然有所有這些方面的權力，彼拉多太太可能一生裏都沒有體驗過自己是有權力的人。怎麼會這樣？這視乎她真正想得到的是甚麼。我們很容易想到四件事。

如果她最想要的是丈夫的愛，那是可以理解的。她不會是第一個這樣想的人。多個世紀以來，多少女性過著表面令人羨慕的生活，內心卻感到十分絕望，因為她們得不到她們渴望得到的東西？推動彼拉多的是甚麼？對財富、權力和聲望的許多渴望？他不能發覺這些都令人從最重要的事情分心嗎？那個女人支持著他，讓他早年充滿自信；在他一次又一次挫折後，她以愛挽回他；她以身體給他寶貴的孩子和後代；他不關心她嗎？如果彼拉多太太覺得她不能接觸丈夫的心，無論那心被行政、諂媚或外遇佔據，她很可能都感到無力，雖然她有財富和影響力。

近幾十年，對能幹的女性能夠實現甚麼的期望改變了，但想像彼拉多太太可能因為沒有自己的生活而感到無力，也不會過時。總是由丈夫界定，受到皇帝和他的隨從控制，受到政治形勢擺佈，在很多方式之下，她必定感到脆弱。她可能比丈夫更能幹，在政治上更精明，更吸引人和更有外交手腕，但她沒有途徑取得公職。她可能是上流社會的女王、藝術的贊助人、充滿魅力的女主人，或高貴的配偶；但卻沒有多少其他選擇。劇本已經替她寫好。她可能感到受困——和無力。

如果她渴望自己和丈夫的尊嚴和榮耀，她也可能感到無力。這歸結為第一章結尾和上面麗迪亞的故事裏所提出的那個問題：如果彼拉多太太開始明白，羅馬帝國的基礎並不如她從教導所以為那樣宏偉和高貴，那又怎樣？彼拉多太太發覺自己受困於一個政治系統中，她開始看到這個系統是空洞和腐敗的。她可以做甚麼？甚麼也不能做。不單這政權令人十分困擾，更糟的是，她是政權流弊中公開可見重要的得益者。這對一個正直的人來説，是幾乎不能忍受的張力。

最後，對彼拉多太太想要甚麼，我們只知道一件事：

她想人們放過耶穌。我們可以視這是她想得到的其他事物的終點。如果她不能有自己的生命，在其中健康幸福和貢獻帝國中她想促進的力量，那麼她尋求兩件事情是合理的：為丈夫尋求正直的生命，讓他在事業上走出一條路，是她可以引以為榮的，並他在事業裏推動他們兩人都相信的東西；以及丈夫堅定的愛，如果所尋求的不是身體和情感上不變的慾望，至少也是豐富地承認他們富創意地互相倚靠。以這樣戲劇性的方式提出要求，放過耶穌，是對這兩件事情的試驗，是對支撐她生命的兩條支柱的試驗。而這試驗失敗了。

耶穌的祕密支持者？

對於彼拉多太太，我提出了一種同情的解讀；記起耶穌在一個文士問祂最大的誡命是甚麼時所説的話，我視她是個「離上帝的國不遠」的人，即是做夢前不是，至少在做夢後也是。由於這一章幾乎完全建基於猜測，我會再進一步利用這自由：彼拉多太太的夢對她的影響，和博士觀星對他們的影響一樣嗎？這個夢有沒有將她變成祕密的信徒？如果她聽到，或者當她聽到耶穌的追隨者説，祂已經復活時，她會有甚麼反應？

將耶穌的受苦的想像重構帶到這麼遠時，我試圖將彼拉多太太描述為上一章討論的人物——亞利馬太的約瑟和尼哥德慕——的對照。這兩個人在耶穌死前有機會扮演重要的政治角色，但他們似乎選擇並不這樣做——無論是出於恐懼、缺乏理解還是缺乏信心。但他們在耶穌死後扮演重要的宗教角色——提供墓穴和施行合適的葬禮。相反，彼拉多太太在耶穌生前沒有甚麼機會接觸祂，幾乎沒有能力影響祂受審時涉及的各種勢力。但正如我們看到的，她能夠作出貢獻，而那貢獻可能危害她將來的生活和幸福。

她的貢獻和她將來可能持守的信仰，令人想起路加福音一段引人入勝又遭受忽略的經文：

> 過了不多日，耶穌周遊各城各鄉傳道，宣講上帝國的福音。和他同去的有十二個門徒，還有被惡鬼所附、被疾病所累、已經治好的幾個婦女，內中有稱為抹大拉的馬利亞（曾有七個鬼從她身上趕出來），又有希律的家宰苦撒的妻子約亞拿，並蘇撒拿，和好些別的婦女，都是用自己的財物供給耶穌和門徒。（八 1～3）

有時人們指出，福音書給寫下來的方式好像中世紀的傳奇故事；在傳奇故事中，沒有人問誰支付主角的住宿開支。唔，答案就在這裏。門徒有祕密的支持者。她們當中最吸引人的是「希律的家宰苦撒的妻子約亞拿」。這個人似乎和彼拉多太太最相似。約亞拿當然不如省總督的妻子那麼重要，但希律仍然是重要的人物，他的家宰會是相當富有和具知名度的人。這個記述暗示耶穌以某種方式醫治了她；沒有描述是引起人的興趣的（那些假設福音書作者創造一些或所有醫治的記述的人，必須解釋為甚麼路加沒有滿足我們對故事的渴望，告訴我們約亞拿得醫治的事，以及她丈夫和他的同事有甚麼反應）。我們很難想像約亞拿的丈夫會贊同她那樣明確地支持耶穌和祂的門徒，更不要說他的老闆了。

如果在上一章我批評那些試圖在晚間作門徒的人，或許在這裏可以從一個不同角度看事情。約瑟和尼哥德慕都是男人；他們有財富和政治影響力；他們可以接觸耶穌和想耶穌死的人。他們可以看到事情朝甚麼方向發展，他們有些機會阻止事情走向它們發展的方向。彼拉多太太卻不同。她是女性。她很容易可以接觸到她丈夫，但卻無從接觸省中其他決策人。她陷入的困境是約瑟和尼哥德慕都不會遇到的。但她做了十分了不起的事情。

如果她是祕密的追隨者——我們沒有證據，因此這只是有建設性的猜想——我相信我們可以從她在故事中的角色得出一些結論。其中一個是成為祕密的追隨者和作晚間的門徒之間是有分別的。前者想崇拜和跟隨耶穌，但卻受阻的人，後者完全可以接觸主的榮耀，但選擇視門徒身分為關乎依從宗教的事情，與政治委身分開。另一個是這些祕密的追隨者可能在最不可能的地方出現。上帝向省總督的妻子說話。想像一下上帝向布里茲涅夫（Leonid Brezhnev）的妻子，或鄧小平的妻子，或齊奧塞斯庫（Nicolae Ceausescu；或作壽西斯古）的妻子說話。

對上帝來說，沒有事情是不可能的。第三是身為祕密的追隨者，並不表示是完全沉默的追隨者。彼拉多太太在歷史這關鍵時刻之前——甚至之後——可能都很少說話，甚至沒有說話，但每個追隨者，祕密或可見的，在上帝的國都有重要角色要扮演，我們大部分或全部的生命，都是為那沉痛的一刻作準備。耶穌講過關於兩個兒子的比喻：

> 「一個人有兩個兒子，他來對大兒子說：『我兒，你今天到葡萄園裏去做工。』他回答說：『我不去』，以後自己懊悔，就去了。又來對小兒子也是這樣說。他回答說：『父啊，我去』，他卻不去。你們想這兩個兒子，是哪一個遵行父命呢？」他們說：「大兒子。」（太二十一 28～31）

或許彼拉多太太像大兒子，而可見的門徒更像小兒子。在真理的一刻，是她為耶穌說話。

為祂受了許多的苦

在受苦敍事中，彼拉多太太介入的十分簡短描述的最後一方面，是這句動人的話：「我今天在夢中為他受了許多的苦。」說她為耶穌受了許多苦，是甚麼意思呢？

這將彼拉多太太變成一種非常特別、好像基督的人物，那些可以被稱為分擔基督的受苦的人。保羅在幾處用這樣的用語說話。在加拉太書結尾，保羅說：「從今以後，人都不要攪擾我，因為我身上帶著耶穌的印記。」（加六 17）更明確的是，在歌羅西書，保羅與基督的受苦產生共鳴，解釋他怎樣分擔基督的救贖工作：「現在我為你們受苦，倒覺歡樂；並且為基督的身體，就是為教會，要在我肉身上補滿基督患難的缺欠。」（西一 24）他更概括地提到，他的身體是基督死亡和復活發生的地方：「身上常帶著耶穌的死，使耶穌的生也顯明在我們身上。」（林後四 10）

真正的受苦，可以被視為一種榮耀嗎？或許在好像這樣罕見的情況是可以的。彼拉多太太的夢的負面結果，或許是因為她發現這個人實際上是誰而受苦。她能夠想像二千年後（無疑，也在那之後很久很久）她丈夫的名字會被記起，是監督歷史中那最大災難的人，如果他顯示他對榮耀、尊嚴和尊貴有任何真正的興趣，這災難可以避免的？當然，如果她能夠一瞥這件事，她也會受苦。如果她還是第一次看到，或者第一次那麼清楚看到，她丈夫執掌的統治是空洞的，暴力的器皿裏沒有任何真理的靈丹妙藥，因此她對丈夫的尊重和她對自己的尊重都大大減少，同樣，她無疑會受苦。而如果她一直都相信丈夫愛她，信任她的判斷力，十分尊重她，但現在她發覺丈夫不會接受她那懇求的建議，因為這建議以以前未有過的方式提出，她就肯定會受苦，特別是如果這事令她懷疑她的婚姻是否在沙土上建造的房屋。

但或許她受苦的核心是這樣的。她看過良善的心、真理的靈魂、美麗的面紗；她經驗了超乎她想像的愛，具有巨大轉化能力的憐憫，和完全的醫治，以致她第一次看到，她以前單調的生活原來十分蒼白。這是活著的上帝，毫無疑問，要回應這來到她夢中、她思想中、她整個生命中的喜樂，沒有冒險，沒有賭注，沒有要求是太大的。但這新發現動搖或有潛力破壞她的每一個委身：她丈夫身為省總督的角色；她的社會角色是一個富壓迫性的世界的領袖，扼殺這省的生命力；羅馬帝國只是在和平令它能夠得益時，作為顯示和平的角色的典範；只是在差派軍人和收稅，利用崇拜皇帝來實行社會控制時，帶來交通和錢幣的文明發展。她受苦，是耶穌要轉化她成為新的創造，但她身體的每個細胞都被鎖在舊世界中。藉著懇求她丈夫，她在乞求時間；耶穌被釘十字架迫使她面對自己可悲的景況。富有，或許也漂亮、有影響力，無疑深受人羨慕，但她在夢中忍受著十分個人的哀傷，因為她陷入困境。被基督的權力和受苦所困。

供個人或小組思想的機會

我想，感到個人的夢比生命中其他一切更真實，是怎樣的。

我想，今天上帝是否在夢中向人說話。

我想，在夢中被上帝警告，感覺是怎樣的。

我想，經驗好像聖經中人的經驗，是怎樣的。

我想，一個女人感到自己比丈夫能幹得多，但卻沒有人知道，會是怎樣的。

我想，所有人都認為一個女人的丈夫有權力，而那個女人感到無力時，是怎樣的。

我想，感到沒有人可以信任，是怎樣的。

我想，知道一個很親密的人的真相，但卻不能告訴任何人，是怎樣的。

我想，認為一個親近的人正在犯下一個嚴重錯誤，是怎樣的。

我想，為基督受很多苦是怎樣的。

我想，不能告訴任何人自己相信基督，是怎樣的。

愛和溫柔的上帝，
與祢的兒子耶穌稱為屬祂的人相比，
陌生人更快認出祂：
我們為那些其他人假設為有權力，
但他們自己的經驗卻十分不同的人祈求；
我們為那些感到受公眾期望或有限制的角色所困的人祈求；
那些渴望伴侶、兒女、父母或朋友
這些已得無限注意的人以愛回應者，
我們為他們祈求；
那些想要實現一些政策而無法同時尊重和關心有權力者的人，我們為他們祈求。

求祢幫助我們運用我們有的權力，

無論那權力包括性、影響力、享用或無辜，
以致在我們可能需要隱藏或掩藏自己時，
可以成為先知和帶來好消息的人，
將好消息帶給行在死蔭幽谷中的人。

求祢在黑夜的安靜時刻與我們同在，
讓我們可以做夢，
在我們夢中遇見祢的國、祢的安排，
遇見與祢同行、陪伴那些受壓迫者的人，
最重要的是遇見祢，透過祢的聖靈，
在祢兒子耶穌基督裏。阿們。

5. 彼得

彼得

彼得在福音書出現的次數，比本書討論的其他人物都多。但我會限定按三段主要經文討論他。中心經文是他三次不認耶穌，四卷福音書都有記載。我會以回想彼得受到委派作為教會的基礎開始，去理解這三次否認的災難。為了理解彼得的否認不單是災難，我會進而思想彼得重新獲耶穌委派作祂羊羣的牧者。

在這磐石上

耶穌到了凱撒利亞．腓立比的境內，就問門徒說：「人說我——人子是誰？」他們說：「有人說是施洗的約翰；有人說是以利亞；又有人說是耶利米或是先知裏的一位。」耶穌說：「你們說我是誰？」西門．彼得回答說：「你是基督，是永生上帝的兒子。」耶穌對他說：「西門．巴．約拿，你是有福的！因為這不是屬血肉的指示你的，乃是我在天上的父指示的。我還告訴你：你是彼得，我要把我的教會建造在這磐石上；陰間的權柄不能勝過他。我要把天國的鑰匙給你，凡你在地上所捆綁的，在天上也要捆綁；凡你在地上所釋放的，在天上也要釋放。」當下，耶穌囑咐門徒，不可對人說他是基督。

從此，耶穌才指示門徒，他必須上耶路撒冷去，受長老、祭司長、文士許多的苦，並且被殺，第三日復活。彼得就拉著他，勸他說：「主啊，萬不可如此！這事必不臨到你身上。」耶穌轉過來，對彼得說：「撒但，退我後邊去吧！你是絆我腳的；因為你不體貼上帝的意思，只體貼人的意思。」於是耶穌對門徒說：「若有人要跟從我，就當捨己，背起他的十字架來跟從我。因為，凡要救自己生命的，必喪掉生命；凡為我喪掉生命的，必得著生命。」（太十六 13～25）

我在這章思考的三段對話，都在十分不同的處境中出現。第一個相遇的地方是邊界。耶穌帶祂的門徒到北方的邊界，去到一個有重要名字的地方。那裏稱為凱撒利亞．腓立比。名字的第一部分是羅馬皇帝凱撒的名字，有時稱為神活著的兒子、自封的救主、保護者、他百姓的拯救者。第二部分以腓力為名，他是那個地區的統治者、背棄信仰的猶太人、被憎恨的羅馬人的傀儡。你可能記得腓力的妻子改嫁了給他的兄弟希律．安提帕，引致施洗約翰的死。所以，凱撒利亞．腓立比這個名稱，代表在耶穌時代巴勒斯坦的統治的所有問題。這個城市也叫班尼亞斯（Banyas），現在仍然用這個名稱，是依希臘的神潘（Pan）而命名的，他有一個神壇在那裏。因此，耶穌站在與外邦交接的邊界上，猶太信仰和文化的邊界，祂處於「以色列的權威在哪裏？」這個問題的核心。

耶穌轉過來問：「人說人子是誰？」於是門徒談及約翰、以利亞、耶利米——全都是宣告悔改和審判的先知。耶穌說：「**你們**說我是誰？」你可以想像他們的沉默。然後彼得說：「你是以色列等了五百年的受膏君王。你是上帝在我們中間的同在。你是那會恢復上帝和祂百姓之間的親密同伴關係的一位。」耶穌祝福彼得說：「彼得，這不是你自己發現的——是上帝給你眼光，看到和說出你剛才說的話。」

耶穌宣告說，就在這刻，就在這個地方，就在這談話中，祂的教會要建立在其上。你可以稱這為近乎創世記裏的事情。上帝對亞伯蘭說：「我會使你成為多國的父」，很快便將他的名字改為亞伯拉罕，意思是多人的祖先。後來上帝整夜與雅各摔跤，然後說：「你的名不要再叫雅各，要叫以色列，因為你與上帝與人較力，都得了勝。」耶穌以同樣的方式，藉著給予一個新和描述性的名字——彼得，石頭——標誌著上帝的百姓有一個新開始。然後，建立在這石頭上的人是耶穌自己的百姓，因為祂稱他們為我的教會。耶穌知道彼得是個樂意但衝動的追隨者，他承諾的比他做到的更多。祂知道彼得偶然愚蠢、自私、害怕和完全錯誤。但祂仍然將教會建立在他上面，並應許那邪惡和死亡的力量加起來也不會比這似乎脆弱的石頭更強。

最後，耶穌宣佈祂會給彼得上帝的帝國的鑰匙，宇宙的磁卡。祂會信任彼得，相信他知道甚麼時候限制人，甚麼時候給他們自由，甚麼時候按著人的限制模塑教會，並甚麼時候讓人自己探討那在聖靈裏的生命的無限可能。耶穌吩咐門徒現在要保守這祕密，因為他們仍未明白這一切奇妙和榮耀的代價是十字架，而十字架仍然在他們的想像之外。

這就是這個故事在第一世紀時的意思。在外邦宗教、羅馬主宰和猶太合謀的背景下，彼得說耶穌是上帝對祂百姓的目的的體現，耶穌稱彼得為石頭，與上帝同伴關係的新形式會建基於他。彼得說：「以色列，上帝的百姓，永遠不再一樣。」耶穌說：「彼得，你也永遠不再一樣。」

二千年前就是這樣。對當代文化，這個故事有甚麼意思？唔，讓我們從背景開始。如果凱撒利亞的凱撒是主宰我們生命的力量，宣稱是我們的保護者、救主、帶來和平的人，那麼凱撒就在我們的周圍。如果腓立比的腓力是那些體現美好傳統和高尚理想墮落成卑鄙的妥協和無恥的假惺惺的機構，那麼可惜的是，腓立比也不是遙遠的惡夢。而班尼亞斯，潘的神壇：我們今天肯定看到，我們活在一個信仰的市場，在瘋狂的輕易相信和不人道，以及不信的犬儒和絕望之間左右為難。我們都在走向凱撒利亞．腓立比的路上。

在這個背景下，人們仍然欣賞耶穌，無論作為好像施洗約翰這樣具爭議性的煽動者，或者好像以利亞這樣行神蹟的異見人士，好像耶利米這樣令人掃興、散播滅亡信息的人。但我們愈遠離第一世紀對彌賽亞的期望，彼得關於耶穌的宣稱便顯得愈偉大。彼得說「猶太人」的地方，我們會說「每一個人」。彼得可能說「人們」的地方，我們會說「所有造物」。彼得可能說「世界」的地方，我們會說「宇宙」。彼得說「你是彌賽亞，永生上帝的兒子」的地方，我們可能說：「你是宇宙的中心、創造的目的、存在的意義，將人類永遠連到上帝的連結。」

如果這就是耶穌的身分，我們人類沒有科學或推論的能力去認出祂。科學很大程度上藉著將重複的現象聯繫起來而運作，而耶穌是一次過的。因此彼得五官的證明不能告訴他耶穌是誰，因為你或任何人都不能把以前不曾見過的東西認出來。這種識別只能夠來自上帝：它是啟示。

如果這個故事具體告訴我們，今天耶穌對我們來說是誰，那麼它也告訴我們教會是甚麼。教會仍然是彼得。也就是說，教會是一個脆弱的人，由上帝啟發，說出關於耶穌的真理。彼得說關於耶穌的真理；教會也是這樣。但彼得不是不會犯錯的。教會也不是。如果彼得說出真理，那是因為上帝啟發他的話；教會也是這樣。彼得有時愚蠢、自私、害怕和完全錯誤；教會也是這樣。但耶穌揀選彼得。耶穌仍然揀選教會。我們是誰，竟敢不同意？

教會有時可能犯錯或笨拙，但它永遠不會被死亡或邪惡勝過。只要它身為脆弱的百姓繼續存活，由上帝啟發說出關於耶穌的真理，教會便永遠不會被邪惡或死亡消滅。最好的足球比賽令觀眾坐在座位，直到最後緊張的一刻，結果懸而未決。但現實不是足球的緊張競賽。我們已經知道結果。上帝得勝。地獄的大門看起來可能很危險，它們也可能好像地獄那樣能夠傷人，但它們不能得勝。那就是福音。

同時，彼得要捆綁和釋放。今天教會裏很多爭論都可以歸結為捆綁和釋放。一羣人說教會捆綁的太多，且命令人們要以某種方式生活，但人們卻看不見他們怎樣可以那樣生活，或者為甚麼應該那樣生活。另一羣人說教會釋放的太多，是時候告訴人們，他們需要受到某些模式或對生命的期望的約束。雙方都需要記得的是，捆綁的目的是給人自由過有紀律的生活，因此是有豐盛的生命；而釋放的目的是將人們綁得更貼近上帝那自由的聖靈。紀律是為了自由；自由是為了上帝。

這就是這個故事對當代文化的意義。在宗教選擇的自由市場中，所有選擇都似乎變得陳舊，上帝給教會看見耶穌的異象，在耶穌裏發現那模塑所有其他真理的真理。教會和它的眾多失敗，個人和集體的，耶穌真的指這並不令祂驚訝。恩典的奇蹟不單是上帝得勝，而是祂選擇好像我們這些失敗的造物成為祂得勝的所在。祂給祂的教會十分重大的責任，而十分偶然地，教會可以應付那挑戰。

在雞叫前

四卷福音書在記述彼得三次否認主時的相似之處，十分值得留意，其中無數的細微分別也十分重要。為了令我的處理簡潔，我不會逐個探討那四個記載，而是會依從約翰的記述。原因有兩個。首先，約翰的版本特別強調耶穌的堅定和彼得沒有信心之間的對比，它將彼得的第一次否認置於耶穌接受大祭司盤問之前，第二和第三次否認則在這盤問之後。第二，在這時思考約翰的記述，更容易將彼得的三次否認聯繫到他後來三次再受到差派；這記述只在約翰福音出現。

> 西門・彼得跟著耶穌，還有一個門徒跟著。那門徒是大祭司所認識的，他就同耶穌進了大祭司的院子，彼得卻站在門外。大祭司所認識的那個門徒出來，和看門的使女說了一聲，就領彼得進去。那看門的使女對彼得說：「你不也是這人的門徒嗎？」他說：「我不是。」僕人和差役因為天冷，就生了炭火，站在那裏烤火；彼得也同他們站著烤火。
>
> 大祭司就以耶穌的門徒和他的教訓盤問他。耶穌回答說：「我從來是明明地對世人說話。我常在會堂和殿裏，就是猶太人聚集的地方教訓

人；我在暗地裏並沒有說甚麼。你為甚麼問我呢？可以問那聽見的人，我對他們說的是甚麼；我所說的，他們都知道。」耶穌說了這話，旁邊站著的一個差役用手掌打他，說：「你這樣回答大祭司嗎？」耶穌說：「我若說得不是，你可以指證那不是；我若說得是，你為甚麼打我呢？」亞那就把耶穌解到大祭司該亞法那裏，仍是捆著解去的。

西門・彼得正站著烤火，有人對他說：「你不也是他的門徒嗎？」彼得不承認，說：「我不是。」有大祭司的一個僕人，是彼得削掉耳朵那人的親屬，說：「我不是看見你同他在園子裏嗎？」彼得又不承認。立時雞就叫了。（約十八 15～27）

斯蒂布（Mark Stibbe）的幫助甚大，他將這段經文和約翰較早時描述羊圈的經文緊密連繫起來，我們在第二章關於巴拉巴的討論提及過那段經文。以下是約翰福音十章相關的部分：

我實實在在地告訴你們：人進羊圈，不從門進去，倒從別處爬進去，那人就是賊，就是強盜。從門進去的，才是羊的牧人。看門的就給他開門；羊也聽他的聲音。他按著名叫自己的羊，把羊領出來。……我就是羊的門。凡在我以先來

> 的都是賊，是強盜；羊卻不聽他們。……並且出入得草吃。盜賊來，無非要偷竊，殺害，毀壞；我來了，是要叫羊得生命，並且得的更豐盛。我是好牧人；好牧人為羊捨命。若是雇工，不是牧人，羊也不是他自己的，他看見狼來，就撇下羊逃走；狼抓住羊，趕散了羊羣。雇工逃走，因他是雇工，並不顧念羊。我是好牧人；我認識我的羊，我的羊也認識我，正如父認識我，我也認識父一樣；並且我為羊捨命。（約十 1～15）

斯蒂布指出，用來指亞那的「院子」的詞與約翰福音十章用來指「羊圈」的，是同一個詞。兩段經文都提到「門」，同樣用相同的字。兩段經文都提到守門的人，也是用同一個字。約翰描述「另外那個門徒」（往往稱為「耶穌所愛的門徒」，他在最後晚餐時坐在耶穌旁邊）進出大祭司的屋子；他用同樣的語言談及好牧人進出羊圈。斯蒂布小心地顯示，客西馬尼園和大祭司的院子怎樣同樣令人記起那段關於好牧人的經文。

> 〔在客西馬尼園的故事〕，有圍牆的花園令我們記起羊圈，猶大來到，令我們記起盜賊，門徒擠在園中令我們記起羊圈中的羊，耶穌保護的姿勢令我們記起門口的好牧人……〔在大祭司的院子〕耶穌所愛的門徒扮演好牧人的角色，他進出羊

> 圈，門口的女子扮演看門人的角色。這留下彼得這個在危險時逃走的人⋯⋯彼得只能夠等同牧羊人敘事中的一個角色：雇工的角色，他在危險時逃走。[4]

因此去到平行的審判。耶穌被尊貴的指控者圍繞，但卻站穩立場。祂強調祂說出真理（因此向直截了當的反駁和公開的辯論開放），祂也公開地說話（因此不需要祕密地盤問，因為任何在場的人都可以講述祂說了甚麼）。祂的生命真的有危險。相反，彼得被顫抖的僕人圍繞。沒有迹象表示他的生命受到威脅：耶穌所愛的門徒走來走去，而人們提出的問題只是彼得是否另一個這樣的信差。但彼得逃避和否認，成了真理的敵人。彼得聽見耶穌說「我是」很多次。在這裏，彼得說：「我不是。」彼得聽過耶穌說：「我是世界的光。」（約八 12）在這裏，彼得讓自己失去那光，要接受炭火。

他似乎在那裏一段時間，感到寒冷。但在那等候中，他甚麼也學不到，因為他對同一個問題給予完全一樣的答案。第三個問題有點變化。彼得的熱誠，或許魯莽，肯定是衝動，令他在耶穌於客西馬尼園被捕時削下大祭司僕人的耳朵（約十八 10）。這是那個承諾那麼多的門徒。現在，那個僕人的一個親戚是第三個挑戰彼得的人。這次否認稍微有點不同；彼得已經藉著說他不是耶穌的門徒，否認了耶穌教導的事實兩次；現在彼得否認歷史的事實，他説他沒有和耶穌一起在園中。彼得感到寒冷並不令人驚訝：他成了以前的自己的一個影子。

這是我們在第三章討論尼哥德慕和約瑟時，更隱晦地教導的教訓的一個嚴厲版本。彼得發現他不能有福音而沒有耶穌，或者有耶穌而沒有福音，他不能有任何一樣而不會有危險。沒有激情，便沒有政治。較早時，我們在馬太福音的記述中發現彼得是一個脆弱的人，由上帝啟發去説出關於耶穌的真理。在約翰的記述這裏，我們記起耶穌給這個這麼脆弱的人物多麼不尋常的權威。無論教會建基於甚麼政治之上，它都明顯不是建基於永不犯錯的權威之上。

另一個炭火

> 他們吃完了早飯，耶穌對西門・彼得說：「約翰的兒子西門，你愛我比這些更深嗎？」彼得說：「主啊，是的，你知道我愛你。」耶穌對他說：「你餵養我的小羊。」耶穌第二次又對他說：「約翰的兒子西門，你愛我嗎？」彼得說：「主啊，是的，你知道我愛你。」耶穌說：「你牧養我的羊。」第三次對他說：「約翰的兒子西門，你愛我嗎？」彼得因為耶穌第三次對他說：「你愛我嗎」，就憂愁，對耶穌說：「主啊，你是無所不知的；你知道我愛你。」耶穌說：「你餵養我的羊。我實實在在地告訴你：你年少的時候，自己束上帶子，隨意往

來；但年老的時候，你要伸出手來，別人要把你束上，帶你到不願意去的地方。」(耶穌說這話，是指著彼得要怎樣死，榮耀上帝。)說了這話，就對他說：「你跟從我吧！」(約二十一 15～19)

對於回顧或前瞻，這段經文的一切都是重要的。背景中的炭火暗示，這是重演彼得在大祭司的院子裏否認耶穌。三個問題強調和肯定了這暗示。

在再進一步前，我們值得停下來留意這個故事中情感的深度。愛一個人是一回事。以委身於學習、跟隨、服從和忠於一個異象、一種生活方式、一種人類羣體的形式去包圍這愛，則是另一回事。看到你愛的人被殺，你分享的生命被破壞也是另一回事。在其他人同意將你那分享的生命取去時，你否認那愛和那分享的生命，也是另一回事。在這裏，彼得面對所有這些事情，但卻是以獨特的形式：一個從死裏復活的人，對祂來說，似乎沒有甚麼是不可能的。

在馬太的復活記述中，抹大拉的馬利亞和另一個馬利亞「急忙離開墳墓，又害怕，又大大地歡喜」(太二十八8)。恐懼和喜樂都是深刻的情感；它們一起描述人們能夠想像的有力感情。彼得在湖邊看見耶穌時，一定感受到這種感情的強烈交匯。喜樂，因為這人是他所愛的，他也相信世界的命運在於這人心裏，這人已經從死裏復活，站在他面前。恐懼，因為還有他三次否認的這件小事。每個人都知道，要面對自己只能夠向對方說「對不起」的人時，那心裏下沉的一刻。但很少人要面對自己這樣可怕的出賣。

整個對話圍繞兩個關鍵的詞語：「愛」和「知道」。令事情複雜的是，對這兩個詞語，約翰各使用超過一個希臘詞語表達。對話是這樣的：

耶穌：你全心全意、沒有想到自己，以有別於愛別人的方式愛我嗎？

彼得：你知道我當你是朋友那樣愛你。

耶穌：你全心全意愛我，沒有想到自己嗎？

彼得：你知道我當你是朋友那樣愛你。

耶穌：你當我是朋友那樣愛我嗎？

彼得（受到傷害）：你是無所不知的，你知道我當你是朋友那樣愛你。

我們可以在超過一個層面上閱讀這段對話。它首先是討論，基於耶穌知道的事情，祂能否仍然愛彼得。你怎能愛一個令你大大失望的人？這是愚蠢還是饒恕？有時人們說，明白一切就是饒恕一切——但有時事實幾乎是相反。耶穌愈了解彼得，彼得的判斷愈顯得草率，他的承諾便愈看來空洞。彼得的愚昧不是全在於過去。在這裏，耶穌提出似乎是同一個問題三次時，他「受到傷害」。這裏的反諷是尖銳的；應該感到受傷害的，肯定是耶穌而不是彼得。但彼得仍然較察覺到自己的感受，過於別人的。和好的一個特點是，給予饒恕的人不能期望對方完全明白他們的冒犯有多大。

在第二個層面，耶穌重複的問題顯示，愛以沒有愛就不行的方式「知道」。耶穌愛彼得——這令祂對彼得的判斷更好還是更壞？我記得在讀大學時，有人告訴我，說我不應該學習自己太有興趣的學科——那樣會模糊我的判斷。關於醫生應該診治誰或律師應該代表誰，人們也給予類似的建議。但知識不是主要應與愛在一起嗎？你沒有聽或見過一個新聞故事，是關於你認識和關心的人的，你為了他們而感到憤怒，感到如果記者真的認識和關心那故事的主題，他們會以不同的方式展示那些事實嗎？我們想像上帝與創造中每一個人的關係時，祂創造每一個人不單是令人驚訝的；祂愛每一個人，**認識**每一個人，是更令人驚訝的。

在第三個層面，那對話令人想到彼得能否接受與耶穌的新關係。進一步的反諷是，耶穌雖然被出賣，卻沒有重新安排祂對彼得的估計，好像彼得重塑自己對自己的理解那樣。耶穌一定一直都知道彼得的真性格，衝動和有缺點（我認為這一定是彼得第三次回答的措辭背後的力量）；但甚至到耶穌被捕那天，彼得似乎都認為自己值得作出永遠忠心的承諾。他需要學習艱難的教訓。很多人發覺很難作出長期的承諾——在關係、婚姻、工作伙伴關係或財政資助方面。有時這是因為害怕受到很大的傷害——或許不是第一次。但有時是因為害怕成為傷害別人的人，成為使人失望的人。彼得受到羞辱，發覺自己致命的弱點。在復活的主身邊可能令他經歷進一步——或許是永久的——羞辱。他最好保持距離。

在第四個層面，根據我們在這本書使用的語言，這對話揭露我們可以稱為友誼的「政治」。彼得和耶穌對愛似乎有不同的理解。彼得假設朋友的愛是所需的一切。他一直用朋友的語言——作子女的語言。彷彿他出賣耶穌的大災難沒有教曉他，他對耶穌的愛有甚麼問題，只是令他以為他有短暫的問題，突發的思想不集中、心不在焉。在湖邊，他提出恢復那作子女的愛。但耶穌要求更多。耶穌使用全然無私的愛的語言，那是上帝對我們那種親密和捨己的 *agape*（編按：這希臘文意指無私的愛）之愛。換句話說，耶穌是說：「你當我是朋友一般來愛，好像你愛其他人那樣？還是你全心和全然地愛我，好像我愛你那樣？」彼得的回答帶著那痛苦：「當然是身為朋友。」而那尖銳的反諷是，彼得不明白耶穌在問甚麼，以為他給了耶穌想要得到的答案。他甚至以為，耶穌問他第三次是不合理的。

特別的地方是，雖然彼得對耶穌的愛只是他對羊羣的愛一般多，耶穌仍然將羊交託他。我們可能預期耶穌會說的話，耶穌沒有說——「唔，恐怕那並不足夠」。這段經文向我們顯示關於領導的兩件重要事情。第一，領袖不一定是最好的門徒。教會內外對領袖都有一種幻想——他們是有特別遠象和勇氣的人，以人格的力量帶領人們離開奴役，進入應許地。但在這裏，彼得與耶穌的關係不如耶穌想要的，但耶穌仍然將教會交託給他。有多少教會領袖感到，他們與耶穌的關係是不如它可能達至的程度？藉著思考彼得個人的缺點，有多少人仍未就自己對上帝的用處得到啟發？

關於領袖，我們發現的第二件，也是相關的事情是，每個基督徒領袖基本上首先都是追隨者。耶穌一再說：「來跟從我。」但在約翰福音中，在這裏之前祂沒有說這話。約翰福音的高潮是耶穌對彼得說：「你跟從我吧。」即使在祂將羣羊交託給彼得後，耶穌仍然呼召彼得跟從祂。對愛上帝是甚麼意思，領袖沒有專利權——也剛好相反；他們也需要重新開始。

友誼和饒恕

雖然我們對彼得苛刻，或許有點過分苛刻，我們繼續發現，每一章都令我們更接近發現跟隨耶穌的政治，權力和激情的交匯點。

彼得的故事顯示，單有激情並不足夠。思考他在最後晚餐時的十足自信：

> 那時，耶穌對他們說：「今夜，你們為我的緣故都要跌倒。因為經上記著說：我要擊打牧人，羊就分散了。但我復活以後，要在你們以先往加利

利去。」彼得說：「眾人雖然為你的緣故跌倒，我卻永不跌倒。」耶穌說：「我實在告訴你，今夜雞叫以先，你要三次不認我。」彼得說：「我就是必須和你同死，也總不能不認你。」（太二十六31～35）

彼得永遠忠誠，這個漫不經心的承諾（「我卻永不跌倒」）和耶穌預測彼得會突然（「今夜雞叫以先」）、全面（「你要……不認我」）和不可能是疏忽的（「三次」）跌倒之間，有不尋常的對比。彼得的信心似乎是單源自他自己；他的肯定在於他自己的確信。

彼得熱誠的承諾，是有意識地將自己抬得比所有其他人都高。耶穌對整羣門徒說「你們」時，彼得卻聽到「他們」。他說服自己，他不是那「你們」的一分子——他在救恩中有特別的角色，是他不能失去的，而他的角色似乎不在於主的委派，而是在於他自己的信心和委身的質素。

彼得的自信不單令他將自己抬得比朋友高，以及將信心單建基於自己；這自信也令他敢於反駁耶穌的話，不止一次，而是兩次。耶穌說：「你們都要跌倒」；彼得說：「別人可能會，但我永遠不會。」耶穌再說：「你真的會」；彼得說：「不，耶穌，我比你更認識我自己——我永遠不會。」彼得兩次說「永遠不會」。他談及永恆，但耶穌談及現在。我們怎能使用「永遠不會」這話？我們怎能假設，它適用於我們的方式不適用於別人？基督明確堅持「今天」

時，我們怎能使用它？

之前在馬太福音，耶穌三次責備彼得，因為他熱誠但錯誤地委身。這些時刻，每次都顯示彼得在最後晚餐與耶穌的大膽談話中，流露的三種特點的其中一種。我們已經看到耶穌在馬太福音十六章第一次預告自己的受苦和死亡時，彼得說「主啊，永不」；彼得假設他比耶穌更清楚救恩怎樣實現。較早時，彼得看見耶穌在水面行走，他喊叫說：「主，如果是你，請叫我從水面上走到你那裏去。」耶穌叫彼得去祂那裏，彼得從船下來，走到水面，向耶穌走去。但當彼得看見風時，感到害怕，開始下沉，他喊叫說：「主啊，救我！」耶穌立即伸手抓著他說：「你這小信的人哪，為甚麼疑惑呢？」（太十四 28～31）這裏我們看見彼得的衝動，他傾向先說話（和行動），不停下來考慮他能否持守他的承諾。後來彼得問耶穌，他應該饒恕得罪他的人多少次。他明顯視七次為相當了不起的次數。耶穌以真正了不起的數字糾正他：七十個七次（太十八 21～22）。在這裏我們看見彼得第三個令人不安的特點——他傾向視自己的委身為特別的。

單有激情，並不足夠。不單因為需要有其他東西，也因為組成激情的委身的那些傾向，我們在彼得身上清楚看見——假設個人比別人優越，對自己的可倚靠性有深刻但錯誤的信心，以及認為自己比耶穌知得更清楚。如果單有激情並不足夠，還需要甚麼？我提出三件事情。

第一是饒恕。耶穌帶來的饒恕，除去彼得的激情的三個假設。它除去彼得的自大，他假設自己有出眾的質素。耶穌與彼得在湖邊相遇，是建基於上帝恩典的委派，而不是建基於彼得的質素。正如我們較早時的討論顯示，彼得甚至不能以特別深遠的方式愛耶穌。彼得永遠不能再假設，耶穌揀選他是因為他特別能幹或特別委身或特別忠心。彼得可能永遠都不知道為甚麼耶穌揀選他。但他會發現，他會需要的質素是只有耶穌才能夠提供的。

耶穌的饒恕也除去彼得相對其他門徒所感到的優越感。彼得一定知道，相對於這樣大的承諾，他否認耶穌是個很大的出賣——或許只是不如猶大的出賣那麼大。嘗試將自己抬舉得比他的朋友高，是沒有盼望的——即使他以前看見這樣做有好處。但令人著迷的是，當彼得在湖邊再次受到委派時，相對於另一個門徒，他立即為自己的地位感到焦慮。耶穌重新信任他，有沒有令他變得特別，還是耶穌對另一個追隨者有特別的心意？

> 彼得轉過來，看見耶穌所愛的那門徒跟著，（就是在晚飯的時候，靠著耶穌胸膛說：「主啊，賣你的是誰？」的那門徒。）彼得看見他，就問耶穌說：「主啊，這人將來如何？」耶穌對他說：「我若要他等到我來的時候，與你何干？你跟從我吧！」（約二十一 20～22）

彼得不能不理會。他掙扎著想明白，耶穌的饒恕表示恢復全心的愛。彼得仍然擔心所謂所愛的門徒的角色會阻礙他。「這人將來如何？」他認為很難看見耶穌怎樣不受人類心胸狹窄的影響。耶穌直接地重申，這不是彼得的問題：「與你何干？」然後祂只是重複要彼得更新他使徒身分的呼召，以回應透過復活和饒恕給他的新生命：「你跟從我吧！」

耶穌的饒恕除去彼得的第三個傾向——他習慣假設自己比耶穌知道得更清楚。我們已經看到在回應「你愛我嗎？」這個問題時，他的回答的強烈程度。彼得仍然不大能夠明白，耶穌的邏輯是無可反駁的。耶穌的邏輯是復活的邏輯——耶穌獨有的邏輯，沒有比較、類比或其他選擇。正如可以理解的是，彼得與這新邏輯搏鬥，這是不值得表揚的。對基督徒來說，饒恕的邏輯主要不是說每個人都應該得到第二次機會，怨恨傷害受害人多於犯罪者，或者時間能夠醫治大部分事情。除了復活，饒恕的邏輯並無基礎。復活認識死亡的力量，但以生命的力量來愛。這是真正支持饒恕的惟一邏輯。

饒恕因此是任何超越激情的政治所必須的。同樣必須的是友誼。正如彼得發現，友誼以好些重要的方式控制激情。友誼培養高貴的理想。我們很難知道彼得是否仍然感到受救恩、真理和公義啟發；這些抽象的名詞很難量度——或者反對。但每個福音書作者都生動地描述，彼得怎樣否認他的真正朋友耶穌，以及因著這拒絕，任何對高貴理想的追求都似乎沒有多大價值。人們往往說，戰爭中的軍人更可能為了軍隊中的同僚，而不是進行戰爭的高貴理想而犧牲自己的生命。很多人會分享一個盼望，如果他們要在朋友和國家之間作選擇，他們會選擇朋友（雖然當這個觀點被小說家福斯特〔E.M. Forster〕在一九三〇年代闡述時被視為無恥的）。彼得學懂，跟隨耶穌帶給他一羣全新的朋友；跟隨耶穌變得困難時，他對那些朋友的忠誠應該能夠拯救他，即使他對耶穌的信心失效。

能夠經過好和壞天氣的友誼，才值得重視。在快樂的時候建立的聯繫，需要在艱難的時候受到考驗，才能夠真正被視為友誼。我們大部分人都知道，面對疾病、失面子、或關係結束時，羊羣怎樣分散。但幾乎同等的是，在憂愁和有需要的時候建立的聯繫，必須可以伸延至包括無拘無束的快樂時刻，如果它們要不變成牢獄的話。一個人在大學花三年時間嘗試甩掉他在第一個星期結交的朋友，這是常見的事情。同樣，在十二個步驟的戒除上癮計劃中結交的朋友，也不一定能夠讓人在學懂忍受上癮行為後張開翅膀飛翔。彼得與耶穌的友誼曾經有美好的時光——我們只能夠想像奇蹟地捕捉到魚兒的喜樂，包括字面上和比喻的意義上，醫治的奇妙，以及變像的可畏。但這關係也有艱難的時刻——海中的風暴，耶路撒冷當局冒起的反對浪潮。那是真正的友誼，令那出賣那麼令人痛苦。

湖邊那一幕揭示，友誼的另一個面向涉及食物。**同伴**的意思是與一個人分享麵包的人。在最後晚餐，彼得宣告他永遠的忠誠時，耶穌擘餅（bread）和斟酒。在湖邊，耶穌恢復彼得的使命、門徒身分和友誼時，耶穌再次拿起餅。雖然這故事似乎是關於魚的，但這故事裏特別提到餅。因此這個故事是關於耶穌不單饒恕彼得，更再次成為他的朋友——他的同伴，與他分享麵包的人。試驗他們的饒恕是否真實，是看他們能否坐下來一起進食。正因為這樣，聖餐對教會生命是那麼重要：在那一刻，上帝的百姓坐下與祂進食、彼此一起進食，與需要饒恕他們，以及他們需要饒恕的人一起進食。

因此，在激情以外有饒恕和友誼。而它的意思是對權力的新理解的開始。這本書首四章描述的人物都有某程度的權力。彼拉多視權力為獨佔社會控制的主要元素，例如資助和徵稅，以及不斷用軍事脅迫的威脅來支持自己的策略。巴拉巴很大程度上同意彼拉多對權力的觀念，相信權力應該轉給其祖先可追溯至大衛的人。巴拉巴明白建立顛覆性力量時嚴格操練身體和靈性的權力，但最終他假設只有透過暴力叛亂才能夠帶來真正的改變。猶太當局以不同的方式接受彼拉多對權力的定義。他們被效忠羅馬可以得到的財富、聲望和安全所吸引。在約翰的受苦敍事中，他們的政治觀點的最糟糕時刻在他們的話裏表明：「除了凱撒，我們沒有王。」（約十九15）即使那些十分贊同耶穌的人，尼哥德慕和亞利馬太的約瑟，也沒有能力看穿那十字架；他們的政治受到羅馬的權力迷惑。在彼拉多太太裏面，我們開始看見對權力稍為不同的觀念。我們看到性妒忌的權力，夢的權力，和個人魅力的權力。無論我們根據羅馬的條件，視彼拉多太太為有權還是無權，我們在她裏面都看見權力和政治不單關乎脅迫、財富和公職。

在這一章，我們開始看到耶穌的政治的一些主要部分。我們清楚看見它們不需要甚麼——出眾的恩賜，比別人優越的感覺，對自己持正確的見解有十足的信心。彼得擁有這一切，但它們對他的使徒身分都沒有幫助——事實上剛好相反。彼得吃力地看見耶穌版本的權力的兩個基礎。第一是接受十字架。這個觀念在馬太福音十六章第一次宣佈時，彼得感到震驚。即使在客西馬尼園，十字架變得幾乎是無可避免時，彼得仍然拿起刀削去大祭司僕人的耳朵（約十八 10）。第二個基礎是復活的轉化。彼得為那些細節（包著耶穌的頭的細麻布和布匹）掙扎，而耶穌所愛的門徒「看見就信了」（二十 8）。但耶穌為彼得預備了復活特別的顯現。那在湖邊的顯現，正如我們看到，它顯示復活是和饒恕及友誼緊密相連的。

復活聯繫到友誼，因為正如我們較早時看見的激情那樣，如果不是這樣它很快便變得抽象。畢竟，誰可以反對復活？但聯繫到友誼，復活變成關乎真正的人的轉化，他們隨時間在哀傷和喜樂中，被認識和愛，因著上帝的能力從死的囚牢中出來。有甚麼能力比這更大？如果不用再害怕死亡，羅馬、任何脅迫的權力，還能夠做甚麼來恐嚇和壓迫人？而當復活聯繫到饒恕時，它處理人類經驗中尚未解決的最大恐懼。如果彼得在耶穌心裏可以再次佔一席位，我們都可以。如果耶穌有重要的角色給彼得扮演，即使他衝動和不可靠；祂也有角色給我們每一個人扮演。人類經驗中最有力的力量、政治的核心，似乎不是羅馬的強力和總督無情的意志；而是耶穌的十字架和復活，以及十字架和復活使之成為可能的友誼和饒恕。

供個人或小組思想的機會

我想，耶穌今天將教會建立在其上的人，是否好像彼得一樣脆弱。

我想，發現教會領袖有致命的弱點，會是怎樣的。

我想，參加已經知道結果的比賽，會是怎樣的。

我想，一個人怎樣會以為自己比耶穌知道得更清楚。

我想，感到其他門徒不如你那麼委身，會是怎樣的。

我想，發覺你許下自己不能信守的承諾，會是怎樣的。

我想，知道你令全世界最重要的人失望，會是怎樣的。

我想，知道每個人都知道你令他們失望，會是怎樣的。

我想，再次看見被你傷害得很深的人，會是怎樣的。

我想，得到另一次機會，感覺是怎樣的。

我想，感到你不能愛對方如他愛你那樣深，會是怎樣的。

我想，再次成為朋友會是怎樣的。

我想，知道有人留下你送死——但你仍然愛他們，這是否可能的。

憐憫和饒恕人的主上帝，
祢的兒子，耶穌基督，被狠狠出賣，
但很快便恢復信任門徒，給他們權威：
我們在祢面前承認，身為祢的教會，我們
往往愚蠢、自私、害怕，和完全錯誤；
我們圍著炭火坐下，
讓我們對祢的不忠
在面對權宜之計、短視和恐懼時被揭露。

但祢在另一個炭火前與我們相遇：
祢愛我們，雖然祢認識我們，
祢向我們顯示了友誼的可能，
以及無限的愛的政治。

求祢令我們因為祢的委派是那麼巨大而懾服，
因為祢對我們的信任而喜悅，
因為祢給我們的愛而充滿敬畏，
以致我們以信心回應祢的呼召，以盼望回應祢的信任，
在復活的榮耀中顯示祢的愛。阿們。

6.

抹大拉的馬利亞

抹大拉的馬利亞

我們來到受難節見證人的最後一個人物。在這一章，我們發現權力和激情怎樣以意想不到的方式走在一起。我們發現耶穌的政治實際是在哪裏。

抹大拉的馬利亞是一個吸引了無數人著迷的人物。福音書裏似乎有很多個馬利亞——耶穌的母親、馬大和拉撒路的姊妹、革羅罷的妻子、雅各和約瑟的母親——以致讀者傾向將這些不同的人物合併起來，也是可以理解的。提到有七隻鬼從她身上趕出來（路八 2）和「城裏有一個女人，是個罪人」（路七 37），往往給結合起來，將抹大拉的馬利亞模塑成一個有強烈情感和多姿多彩的過去的人。這一章不會進行任何學術和流行的猜測和想像。我們只會看耶穌的死亡和復活中的重要時刻裏三段提到抹大拉的馬利亞的地方，並在討論前思考一下在伯大尼膏耶穌的故事——這個故事沒有提那女人的名字，但她的行動和我們會遇到的抹大拉的馬利亞吻合。

受苦的轉化

> 過兩天是逾越節，又是除酵節，祭司長和文士想法子怎麼用詭計捉拿耶穌，殺他。只是說：「當節的日子不可，恐怕百姓生亂。」耶穌在伯大尼長大痲瘋的西門家裏坐席的時候，有一個女人拿著一玉瓶至貴的真哪噠香膏來，打破玉瓶，把膏澆在耶穌的頭上。有幾個人心中很不喜悅，說：「何用這樣枉費香膏呢？這香膏可以賣三十多兩銀子賙濟窮人。」他們就向那女人生氣。耶穌說：「由她吧！為甚麼難為她呢？她在我身上做的是一件美事。因為常有窮人和你們同在，要向他們行善隨時都可以；只是你們不常有我。她所做的，是盡她所能的；她是為我安葬的事把香膏預先澆在我身上。我實在告訴你們，普天之下，無論在甚麼地方傳這福音，也要述說這女人所做的，以為記念。」十二門徒之中，有一個加略人猶大去見祭司長，要把耶穌交給他們。他們聽見就歡喜，又應許給他銀子；他就尋思如何得便把耶穌交給他們。（可十四 1～11）

這是馬可記述耶穌受苦的開始。它將受苦（passion）作為主動承受的苦難，和激情（passion）作為巨大的愛，這兩個主題聯繫起來。故事中的婦人受到高度讚揚，因為她好像耶穌——她面對羣體的否定（因此受苦），藉以顯示她巨大的愛。在過程中，她讓我們一瞥上帝在耶穌裏對我們的愛——這愛是巨大的，傾倒在我們身上，以致耶穌受苦。在所有門徒中，惟獨這婦人完全明白耶穌正在面對死亡。

對耶穌的受苦和權力中的時間、地點、方式和人物，這段經文有重要的事情要說。我們會逐一細看。

耶穌的受苦和權力的**時間**，在這個故事裏三次提到的時間中找到。首先，這件事件發生在「過兩天是逾越節，又是除酵節」時。逾越節是歡慶耶和華怎樣解救祂的百姓脫離埃及的奴役的大節期，記念他們在旅程前匆匆吃的飯，以及他們將羔羊的血塗在門框上，讓耶和華的天使不會在殺埃及人時殺他們。因此，這個婦人的政治在上帝給百姓自由的背景中來到。福音總是關於上帝釋放祂的百姓，令他們再次成為祂的朋友。

第二次提到時間，是指耶穌在場的事件。那是長大痲瘋的西門家裏。耶穌的受苦和權力在分享食物時特別可見。聖體，或聖餐代表很多事情——記念和重演最後晚餐和預嘗天上的筵席，這只是最明顯的兩件事。但它的核心是與上帝分享的晚餐，在其中耶穌存在，客人期望轉化發生。這就是在這個故事中發生的事情。這是上帝的百姓每次聚集與耶穌吃晚餐時，我們應該期望的事情。因為耶穌是關於上帝釋放祂的百姓，令他們再次成為祂的朋友。

第三次提到時間，是指沒有耶穌的時間。「你們不常有我。」與耶穌一起的時間，是門徒必須學習怎樣在沒有耶穌時用時間的時候。這個故事中的婦女明白，耶穌來到祂的百姓中間，不是要提醒他們他們已經知道的真理。耶穌不單肯定常識的推論或廣泛反思的明智判斷。祂帶來新的現實，要求勇氣和犧牲的行動，是沒有祂便沒有意義的。在反映和預期上帝的愛的荒謬這個背景以外，那婦人的行動是荒謬的。但在這個背景下，它卻完全合情合理。每次門徒作出一些舉動，因為與每個人以為或知道的事情相違，而引致廣泛批評，但配合耶穌的事奉的整個方向時，人們都會記得這個做同樣事情的婦人。

去到這個故事發生的**地點**，同樣有三個特點是重要的。首先，這件事發生在伯大尼，那裏離耶路撒冷只有幾里路，在耶路撒冷「祭司長和文士想法子怎麼用詭計捉拿耶穌，殺他」。換句話說，跟隨耶穌的政治假設一個危險的處境。整個對話和圍繞它的事件就在蛇洞旁邊；一次行動錯誤，耶穌便會受到攻擊，被致命地咬一口。

接著，與耶穌吃晚飯的同伴是一羣敵對的人。跟隨耶穌的政治假設一個敵對的處境，在其中人們會有動作，遭到誤解、批評、攻擊，在其中每一個行動都會受到評論，需要解釋、證明合理、支持、辯護。跟隨耶穌一定令人筋疲力盡。祂不單不斷四處奔波，不斷對門徒有更大要求，祂也不斷處於無情對抗之中，不斷與那些要破壞、誤解和否定祂事奉的人對話。對抗本身並不顯示個人的門徒身分是真誠的，但如果沒有人要令你受損，經過一段時間後，你必須開始懷疑，你是否離開了伯大尼，到更安靜的環

境。「人都說你們好的時候，你們就有禍了，因為他們的祖宗待假先知也是這樣。」（路六 26）

這個故事中有關位置的第三件事情，是它發生在患痲瘋病的人家裏。在現代醫學，痲瘋指一種特定的疾病，由特定的蟲引致皮膚生瘡，並破壞神經，病人因為沒有感覺，一再受傷而失去手指和腳趾。對福音書作者來說，痲瘋指多種皮膚病，有些比其他更具傳染性。它們的共通點是，它們令患者不潔。反諷的是，耶穌晚餐的同伴反對祂從婦人得到那樣的對待，但似乎沒有因為祂與一個在禮儀上不潔的人一起吃飯而感到困擾。一個患了人所皆知和令人難看的疾病的人的房子，成就了這個故事的重要背景。耶穌處於危險、對抗、社會排斥和慢性疾病之中。這些是祂的受苦和政治的典型環境。

現在我們去到耶穌的政治的**方式**。在每個階段，我們都更接近耶穌是誰和祂的轉化是怎樣來到的核心。我們同樣會看投入耶穌的權力和受苦之中是甚麼意思的三個方面。首先，我們留意到這是關於身體親密觸摸的故事。沒有人可以懷疑，身體的親密觸摸同時是關乎受苦和權力的。抹大拉的馬利亞這角色在《萬世巨星》（*Jesus Christ Superstar*）這齣音樂劇中的著名演唱：「我不知道怎樣愛祂——怎樣做，祂怎樣感動我。」教會裏的人害怕談論身體的親密觸摸，既因為有很多個案，在其中脆弱的人，特別是兒童，受到操控和嚴重的傷害；也因為對親密觸摸的刺激一直有種危險和被揭露的感覺。但在這個故事中，婦人的觸摸有幾個特點，可能能夠啟發我們珍惜這種觸摸，同時又小心和留意誤用它。她的觸摸是公開的：完全沒有任何祕密或在關上的門後的暗示。那是禮儀化的：她明顯依從與葬禮有關的程序。那是有限的：她只觸摸耶穌的頭。那是由一個脆弱的婦人向一個有能力的男人所做的：因此它將不可靠的滿足的慣性循環和權威的誤用逆轉。而它只發生一次。

我們在這裏看到的，補足我們在前一章看到的事情。彼得的弱點是，他誤會了自己對耶穌的權力的激情。在這裏，我們看見婦人的激情是耶穌的權力的合適類比。沒有激情，便沒有政治。但激情永不能簡單地成為巨大的愛的激情；它必須總是自願受苦的激情。

某些圈子幾乎視為理所當然的是，所有親密的觸摸都是某種大致上升華了的性衝動。彷彿我們現在都成了弗洛依德的信徒。但所有親密的觸摸，包括但完全不限於親切的性觸摸，不可能是追求上帝溫柔的觸摸嗎？父母小心地更換嬰兒弄污了的衣服；照顧者熟練地幫助一個虛弱、年長的人進入浴缸；朋友遞上手巾，或者提供保護的臂彎安慰哀傷或絕望的鄰居：這些都是西門家裏的婦人溫柔觸摸和親切姿勢的時刻——但它們絕對不能說是色情的。耶穌的權力和受苦的政治，由好像這樣的親密姿勢模塑。

這段經文揭示**方式**的另一方面，是婦人的浪費。那香膏的價值等如一年的工資。想一想用這筆金錢可以做的一切有用的事情。這裏有一個深刻的反諷。無論這些計劃可以多麼有用，頗為肯定的是，沒有一個可以啟發和感動數百年——現在是數千年後——數以百萬計的人。參與上帝在多個世紀以來轉化祂百姓生命——一年的工資對這份獎品來說似乎相當便宜。歷史證明那婦人是對的。

但仍然有一種令人不安的焦慮，擔心批評是對的——那浪費原則上是錯誤的，將可以造福不幸的人的可轉移財富浪費掉，在實踐上無可避免地是錯誤的。在骨子裏，這樣的觀點假設世界的基本問題是資源短缺，而基本解決方法是增加那些資源的再分配。因此將資源傾倒——倒出一瓶香膏——是可怕的事情。雖然有很多人持這種觀點，但這卻似乎不是耶穌的觀點。耶穌並不活在缺乏的世界中。對祂來說，那界定的力量是祂父的愛，這愛多得足以供應每一個人而有餘。對耶穌來說，那婦人的香膏那值得稱道的豐富，體現了上帝差派祂自己的兒子的愛那誇張的姿態。兩者都遠超世界的想像。世界確實有問題，但那問題不是缺乏，而是罪。缺乏由罪造成。由於罪，無論世界的資源多麼豐富，有些人仍然處於不利位置，因為分享從來都不流行，無論是在幼兒園的兩歲幼童之間，還是在企業聯盟組成的壟斷之間。耶穌回頭，指向祂晚餐桌上批評那婦人的同伴說：「單施捨金錢給窮人，你們只是肯定現存的社會關係——只是稍為減輕那壓力。這個婦人明白，所需要的是個人和社會的轉化，這種轉化透過廢除死亡的壓制改變權力的位置，令她那種激情成為中心，因為它指向一種新的權力。她明白那就是我要帶來的轉化。」

那婦人顯示耶穌的權力和受苦的方式的第三方面是，她明白美。那些計算香膏的金錢價值，因為猜測、低聲抱怨和計謀而錯失了這姿態的意義的人，和那姿態本身那簡單的美之間，有驚人的對比。耶穌說：「她在我身上做的是一件美事。」那婦人捕捉了哀傷那無言的能量：不需要說任何話，沒有方法令事情比較好，沒有方法帶來快樂，但這並不表示沒有事情可以做。想一想近年一些重大的本地和全國性悲劇的場景；想一想出現在路邊、或在城市、或教會建築物的無數花束，作為哀傷的細小和美麗象徵。當然那是浪費金錢，但看見大量花朵，有時比大量有用的介入是個更持久的記憶。那是美事。

在我居住的城市，每年大約有三十五宗謀殺案，大多數受害人死於槍下。一羣人走到每宗謀殺的現場，靜靜地在那裏記念那死亡，並獻上禱告。這些守夜禱告的目的，是令人們聚集在一起，尊重受害人的生命，安慰家人、朋友和鄰居，祈求社區和全市得和平及醫治，容許受影響的人有機會讓別人聽到他們的聲音，看到他們的哀傷，並公開地向社區抗議，確定這些暴力是不能接受的，要求所有想促進公義和憐憫的人採取行動。這些守夜禱告是很美的時刻，就好像伯大尼的婦人的姿態是很美的事件一樣。有時人們歡迎這種行動，有時人們誤解。但它們有良好的傳統，是謙卑的姿態，指向基督的姿態。有時我們不能令事情變得叫人快樂，但卻仍然可以令事情美麗。

最後，我們轉向根據這個故事揭示的，耶穌的受苦和權力的有關**人物**。同樣有三點要提出。第一是，耶穌的權力和受苦與窮人緊密地交織在一起。只有一個方法理解祂的話：「常有窮人和你們同在」，那就是「你們會常和窮人同在」。有各種方式避開窮人——居住在一個社區，在那裏的人不會跟因社會差異而令任何一方感到不自在的人交往（每天），甚至不會在那人身邊走過（上班和上學時）。另一個方法是退入意識形態之中，説服自己，也試圖説服別人，指窮人貧窮，是因為他們懶惰或愚蠢或不老實，沒有正面的行動可以改變那狀況——阻擋任何提出不同見解的個人關係或本地行動。另一個方法是，在策略和「宏觀」的層面上，將個人所有精力放在尋找和資助解決方法。這些都是逃避的不同方法，逃避可能表示「常有窮人和你們同在」的個人接觸、任何可能發展的友誼。如果一個人不向真正的改變開放，很難在別人的生命和環境中帶來真正的改變。帶來真正改變的關係是友誼。沒有證據顯示，在伯大尼，耶穌那些批評那婦人的同伴，有意與他們稱為「窮人」的建立真正的關係。窮人只是他們用來刁難耶穌的工具。

耶穌與窮人交往的核心，不是祂藉著改善他們的狀況而為他們工作（雖然有時祂這樣做），也不是祂藉著促進他們改善環境的方法而與他們一起努力；而是祂與窮人一起，以致窮人永遠不是「他們」，而總是「我們」。耶穌對貧窮的回應是道成肉身。祂出發到耶路撒冷令基本改變可能發生之前，在拿撒勒與上帝被壓迫的百姓一起三十年。祂在馬槽出生，沒有枕頭的地方，死在罪犯之中；祂總是與窮人一起。這就是祂的政治和祂的激情。

伯大尼受膏的故事讓我們了解熱誠的門徒的身分：那是匿名的。我們不知道作出這奢侈行動的婦人的名字。我將她放在「抹大拉的馬利亞」這個標題下，因為她的姿態符合我稍後會描述的性格，但馬可沒有揭露她的身分。她配得到艾略特（George Eliot）在小說《米德鎮的春天》（*Middlemarch*）結尾時，給主角多蘿西亞（Dorothea）的描述：

> 沒有生物的內在存有是那麼強，以致它極不易受外面的事情左右。一個新的德蘭（Theresa）很難有機會改革傳統的生活，正如新的安提戈涅（Antigone）很難會為兄弟的安葬而擺上她英勇的敬虔挑戰所有人：她們激烈的事迹所賴以形成的媒介已經一去不返。但我們這些不重要的人，以我們日常的言語和行動，正預備很多多蘿西亞的生命，有些可以作出更令人悲傷的犧牲，比我們所知的多蘿西亞更甚。
>
> 她細微地受感動的心靈，仍然有它難以描述的問題，雖然它們並非很容易看到。她完滿的本性，好像賽勒斯（Cyrus）中斷那力量的河流，在地上沒有偉大名字的一些水道中耗盡自己。但她的存有對

> 她周圍的人的影響，卻是不能計算地擴散：因為世界裏那增長中的好處，部分取決於歷史上不重要的行動；而事情對你和我並非那麼糟，如它們曾經可能的那樣，有一半得歸功於忠心地過隱藏的生活，安息在沒有人到訪的墳墓的人。

那個在受膏故事中心的婦人，當然安息在沒有人到訪的墳墓。她滿足於任何可能涉及她的故事，都讓人記得實際上是關於耶穌的故事。人們往往說，一個人能夠成就的事是沒有限制的，只要那個人不介意功勞誰屬。熱誠的門徒的政治是有力的，因為——並且當——它向培養名聲或後世的喝彩說再見。

關於這個故事，最後要說的話是，看到其他人都看不見的事情，以別人都不能有的方式去愛，做別人都沒有做的事情的那個人，是一名婦女。正如我們將會看到，在馬可福音這個故事中，男性門徒由於愚蠢、罪和羞恥而淡出。只有這個婦人預期耶穌的安葬；只有女門徒見證祂的安葬。耶穌說：「你們中間，誰願為大，就必作你們的用人。」(可十 43) 沒有人比伯大尼的婦人更具體表現這點。最重要的是，她顯示受苦對權力那新興的新觀念的重要性。她和其他好像她的人，必定要成為新政治的中心。

悲劇的轉化

我們建立了耶穌政治的激情的輪廓。現在我們停下來看這激情怎樣承受苦難和死亡，然後才進一步思考耶穌政治的權力的中心在哪裏。

對馬太和馬可來說，抹大拉的馬利亞和雅各及約瑟的母親馬利亞是獨特的。只有她們見證耶穌的死亡，看見耶穌下葬，並發現空墳墓。

> 殿裏的幔子從上到下裂為兩半。對面站著的百夫長看見耶穌這樣喊叫斷氣，就說：「這人真是上帝的兒子！」還有些婦女遠遠地觀看；內中有抹大拉的馬利亞，又有小雅各和約西的母親馬利亞，並有撒羅米，就是耶穌在加利利的時候，跟隨他、服事他的那些人，還有同耶穌上耶路撒冷的好些婦女在那裏觀看。……
>
> 約瑟買了細麻布，把耶穌取下來，用細麻布裹好，安放在磐石中鑿出來的墳墓裏，又滾過一塊石頭來擋住墓門。抹大拉的馬利亞和約西的母親馬利亞都看見安放他的地方。
>
> 過了安息日，抹大拉的馬利亞和雅各的母親馬利亞並撒羅米，買了香膏要去膏耶穌的身體。七日的第一日清早，出太陽的時候，她們來到墳墓那裏，彼此說：「誰給我們把石頭從墓門滾開呢？」（可十五 38～41，十五 46～十六 3）

這裏有三件事件，延續伯大尼膏抹時其中一些強調的主題。最明顯的是，在故事最低潮時是以婦女為主導。男門徒，至少原本那些，都已經無影無蹤；只有約瑟在暗處出現的，而正如我們發現，他是一個矛盾的人物（約翰的福音書裏，那個耶穌所愛的門徒和耶穌的母親在十字架下面，但這個耶穌所愛的門徒在各方面都是個特別的追隨者）。正如在伯大尼，只有那婦人能夠看到耶穌無可避免將要死，同樣，現在於十字架，只有那些婦女能夠面對十字架的現實。我們會以為其後各世紀的辯論，不會是關於女性能否帶領上帝的百姓，而是關於男性能否這樣做。

在這記述中，婦女做甚麼，是男性似乎不能夠做的？十字架那幕結束時的總結提到三件事。她們跟隨耶穌。這是整個福音敘事的簡單呼召。門徒聽見這個呼召，回應它，和別人分享它，得到耶穌親密的教導和小心地預期前面有甚麼事情發生——然後那些門徒四散。遠遠地，謙卑地跟從，沒有喧嘩，沒有虛假的承諾，沒有戲劇性情節，就是這些婦女。這是多麼了不起的墓誌銘：「她跟隨。」在馬可福音中，只有一個男人似乎以這樣簡單的方式跟隨耶穌，那就是巴底買。在馬可福音十章 52 節，我們讀到：「耶穌說：『你去吧！你的信救了你了。』瞎子立刻看見了，就在路上跟隨耶穌。」但在十字架時，甚至巴底買也在其他地方。

婦女的忠心跟隨表示第二件事：她們「關心祂的需要」。沒有行動比在安息日完結後帶著香料到墳墓更能夠配合這個描述。隨著馬可福音的進展，門徒身分在這直截了當的服事模式顯現出來，由侍候進餐的人或執事體現。這個描述的高潮是耶穌以下的話：

> 你們知道，外邦人有尊為君王的治理他們，有大臣操權管束他們。只是在你們中間，不是這樣。你們中間，誰願為大，就必作你們的用人；在你們中間，誰願為首，就必作眾人的僕人。因為人子來，並不是要受人的服事，乃是要服事人，並且要捨命作多人的贖價。（可十 42～45）

邁爾斯（Ched Myers）評論這段經文——以及男女門徒之間的差別——提出四個可能的解釋。

> 〔那可能是〕對以耶路撒冷為基地，由彼得、雅各、約翰和耶穌自己的家人帶領的教會的爭辯，我認為這個立場的猜測成分太重。另一個選擇是，馬可只是想否定任何形式的領導本質。我認為這個解釋也是牽強的，因為馬可並不否定，而是重新界定領導的召命；我認為「沒有領袖的羣體」是現代主義的幻想。較合理的是第三個可能，故事要鼓勵那些在羣體中「擔任」領導的人批判地問責。反面地描述男性門徒當然……提醒整個羣體，領袖能夠也確實會失敗，並勸告所有人提防在任何社會羣體中累積對權力的錯覺。

> 我認為敘事確實鼓勵人們這樣，但這不是它的主要功能。
>
> 第四個可能性是，在一個徹底的父權的社會—文化秩序中，只有女性才適合作為僕人—領袖……除了讓女性合法地做領袖外，描述男性渴求權力，而女性是僕人，還有甚麼功用？[5]

在前兩方面之下的第三方面，在於「同耶穌上耶路撒冷的好些婦女」這句話。為甚麼是「上去」? 介詞往往十分有力。例如：英國人經常說朋友「出去贊比亞」或「出去尼泊爾」，但他們從不會說「出去紐約」。「出去」這個詞某程度代表一些充滿異國風情或要求的事情。馬可福音中，「上」這個小詞有類似的力量。它指向到耶路撒冷怎樣是耶穌事奉的高潮。它強調一個事實，這些婦女明白耶穌十字架旅程的重要性。這個特點，婦女的堅毅，在耶穌下葬的描述裏持續。對於那些只有很少人給哀傷一些（至少暫時）更廣闊的社會意義的悲痛喪禮，耶穌被兩個人埋葬的記述可能可以為出席者帶來一點安慰。抹大拉的馬利亞和另一個馬利亞看見祂葬在哪裏。她們是見證人。

討論在伯大尼的膏抹時，我引出我描述為沒有名字的婦人的熱誠政治。在前一章描述彼得的激情時，我提出它的弱點正在於它缺乏力量——力量在熱力增強時蒸發掉。但抹大拉的馬利亞的激情，正如我們在處理耶穌的死亡和安葬中看到，是由比彼得的激情更堅實的東西製造的。甚麼給抹大拉的馬利亞的激情真正的政治，一生中保持平衡地與世界交往的方式，一種彼得的激情缺少的力量？答案是抹大拉的馬利亞的激情真的是基督的激情，有植根於復活的權力，正如我們現在會看到那樣。

權力的轉化

激情的婦女，她到最後都維持忠心，在愛和服事，並看到死亡臨近中，她的行動以在主頭上傾倒昂貴的香膏總結起來。她現在發現轉化世界的政治的權力。

> 七日的第一日清早，天還黑的時候，抹大拉的馬利亞來到墳墓那裏，看見石頭從墳墓挪開了，就跑來見西門・彼得和耶穌所愛的那個門徒，對他們說：「有人把主從墳墓裏挪了去，我們不知道放在哪裏。」……
>
> 馬利亞卻站在墳墓外面哭。哭的時候，低頭往墳墓裏看，就見兩個天使，穿著白衣，在安放耶穌身體的地方坐著，一個在頭，一個在腳。天使對她說：「婦人，你為甚麼哭？」她說：「因為有人把我主挪了去，我不知道放在哪裏。」說了這話，就轉過身來，看見耶穌站在那裏，卻不知道是耶穌。耶穌問她說：「婦人，為甚麼哭？你找誰呢？」馬利亞以為是看園的，就對他說：「先生，若是你把他移了去，請告訴我，你把他放在

> 哪裏，我便去取他。」耶穌說：「馬利亞。」馬利亞就轉過來，用希伯來話對他說：「拉波尼！」（拉波尼就是夫子的意思。）耶穌說：「不要摸我，因我還沒有升上去見我的父。你往我弟兄那裏去，告訴他們說，我要升上去見我的父，也是你們的父，見我的上帝，也是你們的上帝。」抹大拉的馬利亞就去告訴門徒說：「我已經看見了主。」她又將主對她說的這話告訴他們。（約二十1～2、11～18）

我會讀這個故事三次——一次是關於故事的結構揭示甚麼，第二次是關於這段經文在聖經整個故事中的位置，第三次是關於這本書討論的權力和激情的問題。

由這故事的結構開始，我們可以依從斯蒂布的分析，他提出 11 至 18 節形成四個相關的部分。[6] 記述始於抹大拉的馬利亞與兩個天使說話，以她向門徒宣佈好消息作結。當我們發現希臘語的「天使」（*angelloi*）和希臘語的「宣告」（*angello*）是幾乎完全一樣時，便明顯看到這些詞語令開始和結束的場景對稱。這將中間的兩段談話分別出來。這兩段談話——第一段與天使，第二段與耶穌——有平行的樣式。每一段都以完全一樣的字詞開始：「婦人，你為甚麼哭？」（第二段談話加上「你找誰呢？」——耶穌對那些到客西馬利園拘捕祂的人兩度提出這個問題，這也是這卷福音書的核心。）接著每段談話都有抹大拉的馬利亞的哀歎，她尋找耶穌身體的位置，重複她在這章開始時向彼得和耶穌所愛的門徒所說的話。馬利亞兩次都接著轉身——第一次看見耶穌，但認不出祂（好像福音故事中大部分人一樣），第二次看見並相信。因此那結構是這樣的：

1. 抹大拉的馬利亞遇到「宣告者」。
2. 抹大拉的馬利亞被問、哀歎和轉身。
3. 抹大拉的馬利亞再被問（幾乎完全一樣）、再次哀歎（幾乎完全一樣）、再次轉身（十分不同）。
4. 抹大拉的馬利亞成為「宣告者」。

在聖經整個故事中，我來到這段經文的位置，我現在想提出，抹大拉的馬利亞與復活的主相遇的四個部分裏的每個部分，都與整本聖經的一個重要主題有重要的關係。讓我從四個主題中最簡單的一個開始。這是一個星期的第一天，一個男人和一個女人在園子裏。很難有三個更明確地提到創世記創造故事的地方。約翰給我們新的亞當和夏娃，將墮落的致命錯誤糾正，描述新創造的本質。這是新創造的故事，頗為簡單。它就是那樣宏大。門徒四散躲藏時，人類在客西馬尼園再次墮落；正如男人和女人的伊甸園躲藏時，人類墮落一樣。但在這裏，三天後，人類得到挽回、救贖、轉化。馬利亞誤會了耶穌是園丁。她似乎很愚蠢——直到我們發現，耶穌**確實**是園丁，耶穌是上帝創造園子時與父一起的道——整個創造都由伊甸園體現。這是我稱為第二部分的偉大主題。

第三部分的偉大主題是上帝渴望尋找祂的百姓。聖經其中一卷最受忽略的書是雅歌，這卷書收錄了一些情詩，明確提到肉體的愛，可能因此令它被排除在傳統的主日學課程以外。這裏我們讀到：

> 我夜間躺臥在牀上，尋找我心所愛的；我尋找他，卻尋不見。我說：我要起來，遊行城中，在街市上，在寬闊處，尋找我心所愛的。我尋找他，卻尋不見。城中巡邏看守的人遇見我；我問他們：你們看見我心所愛的沒有？我剛離開他們，就遇見我心所愛的。我拉住他，不容他走。（歌三 1～4）

我們讀到上帝痛苦地渴望祂的百姓時，雅歌便有意義。抹大拉的馬利亞好像在伯大尼膏耶穌的婦人，以她痛苦地追尋耶穌，仿效上帝的愛。而當然，她找到祂時，她依戀著祂——正如在詩中婦人說：「我拉住他，不容他走。」舊約是愛情故事，在其中上帝和以色列跳舞、許諾、分離又和好。耶穌清楚表明，祂最終來永遠贏得以色列的心。在這段經文，如果抹大拉的馬利亞仿效上帝，她也代表以色列，最初猶疑，但最終轉去擁抱上帝在基督裏的愛。天使也感到喜樂。

我們不禁懷疑，為甚麼約翰給我們他特有的其中一個細節——在「兩個天使，穿著白衣，在安放耶穌身體的地方坐著，**一個在頭，一個在腳**」(二十 12)這句話中——的時候，第一部分的偉大主題便浮現。還有另一個十分重要的地方，天使坐在大約是安葬耶穌的底座一樣大的結構兩旁。思考一下這段來自出埃及記二十五章 17 至 22 節的經文，在那裏上帝告訴摩西，祂會怎樣與以色列人相遇——這約會怎樣體現：

> 要用精金做施恩座，長二肘半，寬一肘半。**要用金子鎚出兩個基路伯來，安在施恩座的兩頭。這頭做一個基路伯，那頭做一個基路伯。**二基路伯要接連一塊，在施恩座的兩頭。二基路伯要高張翅膀，遮掩施恩座。基路伯要臉對臉，朝著施恩座。要將施恩座安在櫃的上邊，又將我所要賜給你的法版放在櫃裏。我要**在那裏與你相會，**又要從法櫃**施恩座上二基路伯中間**，和你說我所要吩咐你傳給以色列人的一切事。(強調為我所加)

這是整卷約翰福音中，惟一與天使相遇的地方。他們出現藉以呼應約櫃兩旁的基路伯。他們宣告上帝和祂百姓相遇的新地方，不是在一個密封的盒子中刻有十誡的法板(那個盒子在基督前那被擄的五百年裏遺失了)，而是在復活的耶穌的能力中，與絕望的人相遇。

因此在第四部分浮現的偉大主題是頗為簡單的，那福音——那好消息，它傳播新約其餘部分的主題，特別是使徒行傳，以抹大拉的馬利亞向門徒所說的話開始：「我已經看見了主。」

約翰的記述的這四個方面，將我們可以稱為那復活的政治表達出來。耶穌復活的**權力**是創造——新創造——的權力。耶穌活著，不單好像祂使拉撒路復活那樣，而是以新的方式——耶穌永不會再死。死亡的權力被打破。可能的界限被逾越。不再有掌握著不知的墳墓；所有驚歎、所有崇拜都轉向上帝，轉向賜生命的耶穌。馬利亞轉身時，她從黑暗轉向光明，從絕望轉向盼望，從死亡轉向生命。這是復活那無可比擬的力量。將來不單是開放的；過去也被轉化。正如我們在關於彼得的上一章中看到，饒恕的可能表示一個人可以開始作為朋友一般取回那過去，而不是如敵人一般。我們活出生命，不需要逃避後悔或逃避死亡。這是真正的自由——和新的權力。

耶穌的復活的**激情**，在於它實現上帝對祂百姓的痛苦追尋。一星期的第一天，新男人和更新了的女人在園子相遇時，我們看到上帝熱情地愛我們的情境，以及在雙方和好及新的約中令雙方都受不了的渴望、慾望和喜樂。復活證明抹大拉的馬利亞的激情是合理的，證明在十字架和墳墓持續忠誠的激情是合理的，復活宣告上帝巨大的愛不能永遠被阻擋。激情不再是對失喪的人可悲、苦惱、憂鬱的愛。激情現在是最後實現的預嘗——渴望聯合，現在的經驗可能是受苦，但有天會在與上帝的聯合上達到高峯。

在約櫃的再現中，耶穌的復活將權力和激情連結起來。上帝與祂百姓的約，在西奈山設立，在整本舊約得到肯定，將創造的上帝的能力，與解放的上帝渴望的愛連結在一起。舊約的核心——或許是以色列人在被擄到巴比倫時的主要發現——是創造主上帝和解放者上帝是同一位上帝。在出埃及中行動使以色列脫離奴役的上帝，以創造天地的上帝的能力行動。兩個行動都是為了一個目的——令百姓與祂建立關係——為了這同一個目的，祂會再次行動，結束被擄。而那確定的行動，結束被擄，是耶穌的復活：勝過死亡，顛覆耶路撒冷當局，推翻羅馬的強力——完全表達上帝的權力和激情。

這給我們福音，抹大拉的馬利亞與朋友、敵人和陌生人分享這好消息的使命。這福音是權力和激情的政治——耶穌的政治。是時候在結論總結這福音。

權力和激情的政治

這本書的論據是耶穌引入一種新的激情，因為祂帶來一種新的權力。讓我一步一步帶出這論據。

我們以多種形式觀察那種舊的激情。最吸引地，在抹大拉的馬利亞裏面，它是個哀歎，簡單、苦惱的姿勢，好像交通意外後在路邊獻花。它說，如果不能快樂，便令它美麗。我們也看到彼得的激情，有各種缺點——建基於他自己的力量，持比其他門徒優越的態度，確信他比耶穌知道得更清楚。我們猜測彼拉多太太的激情，受困於她需要扮演總督的妻子的角色，她可能視之為囚牢，這激情不敢說出本身剛開始的信仰的激情。我們看見亞利馬太的約瑟和尼哥德慕那壓抑了的激情，有抹大拉的馬利亞那美麗的姿態，但決意將信仰保留在晚間，不願意讓它的激情干擾它的權力——成為公會成員的權力。我們看見巴拉巴的激情，那是對潔淨和改變的激情，這激情在今天阿爾蓋達（al-Qaeda）成員的生命中是屬同時代的。我們不能辨別本丟・彼拉多的激情——只發現他多麼堅決要阻止關於真理的討論。

舊的那種權力，是管理這受限制形式的激情的控制力量。彼拉多體現這個權力的觀念——公職、贊助、財產和財富，一切都由軍事威嚇隨時預備好的威脅支持。巴拉巴與彼拉多對權力有幾乎完全同樣的觀念；正因為這樣，巴拉巴的革命不會認真改變任何事情。尼哥德慕和約瑟開始看見耶穌帶來的激情可能提供一種不同的權力——但他們的生命深深投資在由彼拉多代表的權力，他們不讓耶穌模塑他們明確的委身。我們對彼拉多太太知道得很少，但我們假設她在社交、經濟和家庭上的所有福祉，都取決於接受她丈夫對實行權力的理解。彼得甚至在耶穌面前也想到彼拉多的權力——因此他害怕十字架並攻擊大祭司的僕人。在院子面對危機的時刻，他倚靠自己的權力。但在湖邊，他發現一種新的權力。伯大尼的婦人顯示這種權力的一部分，抹大拉的馬利亞在園子中發現一種新權力。

新權力是復活的權力。在最後兩章，我們探討了這新權力的一些方面。這實際上是不能描述的權力。它不被死亡征服。它是新創造的力量，好像上帝對世界原本的目的那樣重要。因此它不能被軍事脅迫、或使人無力的稅制、或專利的贊助、或專制的暴力所征服。它是上帝渴望祂百姓的權力，不能平息的渴望和極具耐性的權力。它是上帝與祂百姓相遇的權力，好像以色列在西奈山接受寶貴的律法給賜下，保存在耶路撒冷的聖殿的經驗那樣，發展變化。它不被罪所征服。即使是最令人痛苦的出賣，也得見挑戰、同伴和轉化——彼得在簡短的談話中由羞愧的罪人變為獲委派的領袖。不必再為過去而害怕，因為饒恕的權力甚至令最可怕的錯誤也得以彌補，打開通往新的可能性的大門。它建基於友誼——上帝和祂百姓的友誼，在一起擘餅中體現——它為世界提供對新權力的一種活生生的經驗。新權力的這些特點，沒有一種是舊權力能夠理解的。

新的激情因為新的權力而變得可能。激情不再只是色情或理想地從政治分心；它不再是面對罪和受苦的現實而培養自我或感傷。根據復活的權力，激情現在是上帝渴望祂百姓的愛情的任何暗示或反映，以及祂渴望與他們恢復關係，即使那表示十字架。這激情是有耐性的，因為它等候很久，好像上帝等候那麼久。它有時是痛苦的，正如我們猜測彼拉多太太說「因為我今天在夢中為他受了許多的苦」時，對她來說那樣。它是溫柔的，就好像在伯大尼的膏抹是溫柔的。它是堅持的，就好像抹大拉的馬利亞在十字架和墳墓守夜禱告時堅持的那樣。它永沒有終結，就好像抹大拉的馬利亞對耶穌的追尋——反映雅歌中婦人的追尋——是永沒有終結一樣。在病人家中，與窮人為伴，是無可避免的，正如我們在伯大尼看到那樣。它是全球性的，因為它有意識或無意識地展示上帝的愛基本的傾出和友誼的恢復。它是好像上帝的心那樣瘋狂的瘋狂激情。

我稱這為「權力和激情的政治」，因為它強調有真正社會意義的新權力和新激情。這些不單是個人的事情（即使我們接受有「簡單的個人事情」這個觀念）。舊的權力假設某些事情是已安排好的——最重要是死亡——重要的是誰控制最多資源，特別是那些向公眾負責的（例如稅收，以及不同意義上，法律），以及誰透過威嚇以至於死亡，迫使人們順從。這個處境下的激情，只是裝飾門面——從政治的嚴肅事情中分心；政治是關乎權力的討價還價和操縱。但耶穌基督的復活進入這景況，推翻死亡的權力。因此威嚇至死不再能夠維持對權力的壓制；這裏有更大的權力。不足資源的分配，不再是政治本質上的特點。政治成了重新安排生命，根據克服死亡的權力使之成為可能的自由重新安排；不僅克服死亡，且克服罪——透過饒恕的能力。因此社會那些以前只是裝飾門面的方面——面對死亡的哀歎，面對罪的怨恨和悔恨，簡單來說就是激情——現在成了轉化的重點，新政治的神經中樞。我們仍然需要法律，我們仍然需要稅收，但控制這些事情不再是政治的定義；政治是根據權力的新秩序重新安排激情。現在在耶穌的復活中，我們可以看到和好或關心那脆弱的的每一個微小動作，都是上帝轉化世界的方式的一部分。權力和激情終於走在一起。

供個人或小組思想的機會

我想，知道你十分關心的人將要死，而你不能為這事做甚麼，會是怎樣的。

我想，看見昂貴的東西被浪費掉，會是怎樣的。

我想，有沒有真正重要的東西是缺乏的。

我想，記念暴力死亡的最好方法是甚麼。

我想，尋尋覓覓但卻不真正盼望能夠找到，會是怎樣的。

我想，看見但不相信是怎樣的。

我想，發現個人的激情多少總是對上帝的激情，會是怎樣的。

我想，發現宇宙最大的力量，會是怎樣的。

我想，那最大的力量就我們對生命的假設和期望可以帶來甚麼分別。

我想，如果你不介意誰得到功勞，你可以做甚麼。

我想，不需要逃避過去的任何事情，會是怎樣的。

我想，不害怕死亡是怎樣的。

權力和激情的上帝，
祢的兒子，耶穌基督，受膏抹和埋葬，置於墳墓裏
但卻復活，在園中與祢的僕人馬利亞相遇：
求祢在我們觸摸大家的方式中更新我們，
讓我們的激情可以作為溫柔，
我們的慾望作為仁慈，
我們的渴望作為祢渴望我們的美好象徵；
親近和醫治那些感到人類的觸摸
是傷害、羞恥和虐待的人；
讓我們誇張和憐憫的姿態
總是好像祢的姿態一樣，指向
窮人、被逐的人和聲名狼藉的罪人。

求祢使我們成為以祢的政治為盼望的百姓，
我們的心在於祢的激情，
我們的權力在於祢的復活，
以致我們共同在祢裏面的生命可以將
祢的新創造，祢對我們的渴望，
祢的饒恕，和祢的好消息給予祢的世界。

求祢使我們從迷失於哀歎和沉迷於控制的生命
轉向一種忍耐、溫柔、堅持、永不終止、宇宙的激情，
在祢兒子耶穌基督的復活的靈中重新安排權力。阿們。

書目和進深閱讀

啟發這本書出現的書籍，是尤達的 *The Politics of Jesus: Vicit Agnus Noster*, second edition（Grand Rapids, MI: Eerdmans, 1994）。尤達比任何人都更幫助我看到，耶穌面對的問題是我們面對的問題，祂的方法應該是我們的方法。或許我的洞見的第二個主要來源是 Ched Myers, *Binding the Strong Man: A Political Reading of Mark's Story of Jesus*（Maryknoll, NY: Orbis, 1988）。

我最經常翻閱的書是 Wes Howard-Brook, *Becoming Children of God: John's Gospel and Radical Discipleship*（Eugene, OR: Wipf and Stock, 2003），這本書和 Mark Stibbe, *John*（London and New York: Sheffield Academic Press, 1996）一起改變了我對約翰福音的理解。不斷給我鼓勵和智慧的是 Frederick Dale Brunner, *Matthew: A Commentary – Volume One: The Christbook, Matthew 1～12* and *Matthew: A Commentary – Volume Two: The Churchbook, Matthew 13～28*, revised and expanded editions（Grand Rapids, MI: Eerdmans, 2004）。另一個十分有用的資源是 Raymond E. Brown, *The Death of the Messiah: From Gethsemane to the Grave*, two volumes（New York: Doubleday, 1994）。在模塑我的取向，特別是第一章的方面也十分重要的是Warren Carter, *Pontius Pilate: Portraits of a Roman Governor*（Collegeville, MN: Liturgical, 2003）。設想的實踐（和很多其他事情），是從偉大的兒

童教義問答學者 Jerome Berryman 那裏學到的。特別參考他的 *The Complete Guide to Godly Play: Volume One: How to Lead Godly Play Lessons*（Denver, CO: Living the Good News, 2002）。如果你喜歡這本書，這些書籍可以加深你的知識和理解。

關於更專門閱讀的讀者，以下書籍特別帶來幫助：Helen K. Bond, *Pontius Pilate in History and Interpretation*（Cambridge and New York: Cambridge Univ. Press, 1998）; Martin Hengel, *The Zealots: Investigations into the Jewish Freedom Movement in the Period from Herod I until 70 A.D.,* translated by David W. Smith（Edinburgh: T & T Clark, 1989）; Bruce D. Winter, *Roman Wives, Roman Widows: The Appearance of New Women and the Pauline Communities*（Grand Rapids, MI: Eerdmans, 2003）; Shaul K. Bar, *Dreams in the Bible*（PhD dissertation, New York Univ., 1987）; Elisabeth Schussler Fiorneza, *In Memory of Her: A Feminist Theological Construction of Christian Origins*（New York: Herder and Herder, 1994）; Saba Mahmood, *Politics of Piety: The Islamic Revival and the Feminist Subject*（Princeton, NJ: Princeton Univ. Press, 2005）。我十分感謝侯活士，他一篇沒有出版的文章"Sacrificing the Sacrifices of War,"為我提供第二章關於犧牲那一節背後的一些推想和故事。軍人經驗的故事來自 Lt. Col. Dave Grossman, *On Killing: The Psychological Cost of Learning to Kill in War and Society*（Boston: Little Brown and Company, 1995）。

那些想從我其他著作中追溯我怎樣建立這裏的主題的讀者，可以參考 *Improvisation and the Drama of Christian Ethics*（Grand Rapids, MI: Brazos and London: SPCK, 2004），這本書思考表面無權力的人可以怎樣保持忠誠地運用影響力；讀者也可以參考我的*God's Companions: Reimagining Christian Ethics*（Oxford and Malden, MA: Blackwell, 2006），這本書思考基督徒怎樣實踐豐富而不是缺乏。

註釋

1. John Howard Yoder, *The Politics of Jesus*, 2nd ed.（Grand Rapids, MI: Eerdmans, 1994）, 39.
2. Wes Howard-Brook, *Becoming Children of God: John's Gospel and Radical Discipleship*（Eugene, OR: Wipf and Stock, 2003）, 29.
3. Howard-Brook, *Becoming Children of God*, 189.
4. Mark W.G. Stibbe, *John*（London and New York: Sheffield Academic Press, 1996）, 182, 184.
5. Ched Myers, *Binding the Strong Man: A Political Reading of Mark's Story of Jesus*（Maryknoll, NY: Orbis, 1988）, 280～281.
6. Stibbe, *John*, 201.

信念再思叢書 慎思明辨・探求真相

為這星期五感謝神 —— 於現今世代再思十架七言
Thank God It's Friday: Encountering the Seven Last Words from the Cross
韋利蒙(William H. Willimon)著/李金好 譯/HK$63

真的上教會？—— 教會敬拜、事奉與使命的重塑
Why Church Matters: Worship, Ministry and Mission in Practice
約拿單・威爾遜(Jonathan R. Wilson)著/陳永財 譯/HK$68

破碎世界裏的忠心教會 —— 從麥金太爾的《德性之後》學習教會之道
Living Faithfully in a Fragmented World: Lessons for the Church from MacIntyre's After Virtue
約拿單・威爾遜(Jonathan R. Wilson)著/陳永財 譯/HK$48

基督徒的神學思考
How To Think Theologically
霍華德・斯通(Howard W. Stone)、詹姆斯・杜克(James O. Duke)著
陳永財 譯/HK$63

與後現代大師一同上教會
Who's Afraid of Postmodernism?: Taking Derrida, Lyotard, and Foucault to Church
史密斯(James K. A. Smith)著/陳永財 譯/HK$63

心靈在線 —— 現代人於網際空間的信仰省思
The Soul in Cyberspace
古德格(Douglas Groothuis)著/羅燕明 譯/HK$63

基督徒看消費主義
Christ and Consumerism: A Critical Analysis of the Spirit of the Age
巴塞洛繆(Craig Bartholomew)、莫里茨(Thorsten Moritz)著/
陳永財 譯/HK$78

緊扣時代 服事教會

以文字傳揚基督真道

讀者意見表

衷心多謝你購買本社書籍。本社一直致力以出版事工服事教會，幫助信徒扎根於神的話語，促進靈命增長。為使我們的出版更能滿足你的需要，請填寫下列各項資料，並寄回或傳真予本社。

所購書籍：________________

本書最吸引你的地方：
☐作者 ☐適切性 ☐文筆 ☐設計 ☐實用性
☐其他：________________

購買本書地點：
☐基道書樓 ☐基督教書店 ☐非基督教書店

性別：☐男 ☐女 職業：________________

信仰：☐基督徒 ☐非基督徒

年齡：☐ 16 歲或以下 ☐ 17～25 歲 ☐ 26～35 歲
☐ 36～55 歲 ☐ 56 歲或以上

學歷：☐中三或以下 ☐中五 ☐預科
☐大學 ☐研究院

☐我欲更多了解基道出版社的事工及考慮支持，請寄給我下列資料：
☐機構簡介 ☐新書資料 ☐基道會員通訊
☐《基道文字事工通訊》

姓名：________________ 電話：________________

地址：________________

____

傳真：________________ 電子郵件：________________

其他意見：________________

____

多謝賜教！

意見表可以傳真（2687-0281）或直接郵寄以下地址：
香港沙田火炭坳背灣街26號富騰工業中心1011室
基道出版社編輯部收